Conversation in French

Points of Departure

Third Edition

Peter Bonnell
Rollins College

Frank Sedwick

D. Van Nostrand Company
New York   Cincinnati   Toronto   London   Melbourne

Available in the same series from D. VAN NOSTRAND COMPANY

Conversation in French: Points of Departure, Third Edition (Bonnell-Sedwick)
Conversation in German: Points of Departure, Third Edition (Bonnell-Sedwick)
Conversation in Italian: Points of Departure, Second Edition (Paolozzi-Sedwick)
Conversation in Spanish: Points of Departure, Third Edition (Sedwick)

French for Careers: Conversational Perspectives (Gallo-Sedwick)
German for Careers: Conversational Perspectives (Bonnell-Sedwick)
Spanish for Careers: Conversational Perspectives (Sedwick)

Illustrations by Cary

D. Van Nostrand Company Regional Offices:
New York   Cincinnati

D. Van Nostrand Company International Offices:
London   Toronto   Melbourne

Copyright © 1981 by Litton Educational Publishing, Inc.

Library of Congress Catalog Card Number: 80-51984
ISBN: 0-442-24468-1

All rights reserved. No part of this work covered by the copyright hereon may be reproduced or used in any form or by any means—graphic, electronic, or mechanical, including photocopying, recording, taping, or information storage and retrieval systems—without written permission of the publisher. Manufactured in the United States of America.

Published by D. Van Nostrand Company
135 West 50th Street, New York, N.Y. 10020

10   9   8   7   6   5   4   3   2   1

Preface

CONVERSATION IN FRENCH: POINTS OF DEPARTURE, THIRD EDITION, is designed for conversation and composition on nearly any level, as early as the second semester of French. The difference among levels will lie in the degree of syntactic sophistication and richness of vocabulary in the student's response.

The Third Edition contains fifty-one scenes, grouped arbitrarily. These scenes cut across everyday situations, experiences, and types of people with which the student can identify. Where differences in customs exist, many of these are either evident in the picture itself or are noted in the textual material; the instructor may want to supply others. We have substituted situations from earlier editions with five completely new units ("Les Sports," "La Dentiste," "Au Bureau," "Le Bureau de Placements," and "Le Commissariat") that we expect will be of more immediate interest to students. In addition, six completely new illustrations and many revised and updated drawings accompany textual changes throughout the book.

CONVERSATION IN FRENCH is designed for flexibility and simplicity. Skip around among the units, backward or forward, as you wish. No progressive degree of difficulty is intended and no unit depends on another. The specific vocabulary for each scene is self-sustaining for that lesson, so that there is no need for a vocabulary at the end of the book. Omit whatever units may not be pertinent to the condition or interests of the class. One scene and its apparatus, if pursued in their entirety, provide sufficient material for a one-hour class.

The title of the book with its references to "points of departure" suggests the expansive way in which the various scenes should be used, with free and inventive response to pictorial suggestion. All of the situations are as modern, universal, and youth-oriented as possible and are cast into a series of questions whose ultimate aim is to expand conversations from, rather than limit them to, the picture at hand.

Each unit has a picture, a word list pertinent to that picture, a set of questions analyzing the picture, a set of "points of departure" questions utilizing the given vocabulary but not necessarily the picture, and three suggested topics for discourse or composition. The materials assume that students have been exposed to basic French grammar and have at their command a fundamental vocabulary (although an appendix of numbers, verb tenses, and irregular verbs is useful at any level, and so is included here). The commonest words are taken for granted. Though not necessary, it will be useful if students have a dictionary.

The word list in each lesson always includes groupings in this order: (1) verbs; (2) nouns; (3) other words and expressions. Every word in the list is used somewhere in the questions or its use is occasioned somewhere in the answers.

With the exception of common words, all questions use only the vocabulary of their own unit, as does the simplest form of their possible replies. The questions always total twenty, divided more or less equally between the two types. No question is answerable only by "yes" or "no," though many of the first set of questions can be answered briefly. The "points of departure" questions require more thoughtful replies, in many cases rather detailed ones. Preparation of the responses to the questions may be either written or oral but should be done outside the classroom. Additional questions will occur to the instructor as the class is in progress, for it is through spontaneous repartee that the aim of this book is accomplished.

The three topics for written or oral discourse may be corrected either orally in class or handed to the instructor for individual annotation. Each student should choose one theme, because not all of the three topics in any given lesson will appeal to or be answerable by everybody. Of the three topics, there is always at least one that requires little imagination or linguistic accomplishment, and another one calculated to challenge the ingenuity of the best student. The list of words of any given unit is normally sufficient to meet the needs of at least one of these themes. Themes written in the first person do not necessarily have to be true, for at all times students are urged to combine imaginative inventiveness with linguistic skills and the vocabulary at their disposal.

We acknowledge with thanks the comments and suggestions of the many users of earlier editions who have taken the time to let us know about their classroom experiences with CONVERSATION IN FRENCH. For their careful review of the manuscript of the Third Edition, we thank Professors Arié Gilon and Lea Gilon, New York University.

Table des matières

Avis aux étudiants   1
1   Au téléphone   2
2   Les Camarades de chambre (hommes)   4
3   Les Camarades de chambre (femmes)   6
4   Les Salles de conférences   8
5   La Bibliothèque   10
6   Un Bal   12
7   La Famille   14
8   La Maison   16
9   La Cuisine   18
10   La Salle de bains   20
11   Le Couvert   22
12   Le Corps humain   24
13   Les Sports   26
14   Le Pique-nique   28
15   A la plage   30
16   La Vie en plein air   32
17   A la piscine   34
18   Le Magasin pour hommes   36
19   Le Grand magasin   38
20   Le Supermarché   40
21   La Pharmacie   42
22   Le Magasin d'animaux   44
23   L'Automobile   46
24   Le Poste d'essence   48
25   L'Aéroport   50
26   La Gare   52
27   La Poste   54
28   L'Hôtel   56
29   Le Menu   58
30   Le Budget de famille   60
31   Le Calendrier   62
32   La Banque   64
33   Chez le coiffeur   66
34   Au salon de coiffure   68

35	L'Hôpital	70
36	Chez la dentiste	72
37	L'Art de persuader	74
38	Le Commissariat	76
39	La Publicité	78
40	Au bureau	80
41	Le Bureau de rédaction	82
42	Le Bureau de placement	84
43	Le Théâtre	86
44	L'Orchestre symphonique	88
45	Les Artisans	90
46	Les Bricoleurs	92
47	Les Travaux domestiques	94
48	La Vie à la ferme	96
49	Au zoo	98
50	Les Saisons	100
51	La Carte de la France	102
Appendice		105

Avis aux Étudiants

Voici une liste des mots qui seront utilisés fréquemment dans les leçons qui suivent, de façon à éviter trop de répétitions. Vous connaissez déjà beaucoup de ces mots. Sinon, nous vous conseillons de les apprendre maintenant, car ils ne seront donnés dans aucune des listes de vocabulaire. Nous recommandons également que vous fassiez une révision des conjugaisons, des verbes irréguliers les plus courants et des nombres; consultez l'appendice.

acheter to buy
s'acheter to be bought, buy for oneself
aimer bien to like
appeler to name; to call
s'asseoir to sit down
attendre to wait
s'attendre à to expect
avoir l'air de (+ *inf.*) to seem to (+ *inf.*)
avoir lieu to happen, take place
boire to drink
choisir to choose, select
coûter to cost
décrire to describe
écrire to write
espérer to hope
être en train de (+ *inf.*) to be in the process of (+ *gerund*), be (+ *gerund*)
expliquer to explain
garder to keep
lire to read
manger to eat
ouvrir to open
paraître to seem, appear
payer to pay
penser to think; to mean
plaire to please
se plaire to like
porter to wear; to carry
préférer to prefer
savoir to know
se servir de to use, make use of
se trouver to be, be located
utiliser to use
vendre to sell
vouloir to want

l'arrière-plan (*m.*), **le second plan** background
l'avantage (*m.*) advantage
le bras arm
le but purpose
le désavantage disadvantage
la description description
description description
description description
description description
le dessin picture
le devoir duty
la différence difference
l'enfant (*m.*) child

la façon way, kind
le garçon boy
le genre kind, type
l'illustration (*f.*) illustration
la jeune fille girl
le jour day
la main hand
la méthode way
la nuit night
l'objet (*m.*) object
la partie part
la personne person
la place place
le premier plan foreground
le problème problem
la ressemblance, la similarité similarity
la sorte kind, type
la plupart de most, the majority of

américain American
aujourd'hui today
chaud hot
derrière behind
en dessous under
au-dessus over
devant in front of
difficile hard, difficult
à droite (to the) right
européen European
facile easy
froid cold
à gauche (to the) left
en général, d'une façon générale in general
grand large, tall
jamais never
jeune young
lent slow
lentement slowly
normal usual
normalement usually
nouveau (*before a vowel or mute* **h, nouvel**) new
habituel usual
ordinairement, habituellement, en général usually
petit small
prés de at the side of, near
typique typical
vieux (*before a vowel or mute* **h, vieil**) old
vite fast

to telephone **téléphoner**	to accept the charges **accepter (de payer) la communication**	the line is busy **la ligne est occupée**
to call, make a call **donner un coup de téléphone, donner un coup de fil**	to look up **chercher**	dial tone **la tonalité, le son**
to pick up a receiver **décrocher le récepteur**	hello! **allô!**	party line **la ligne commune**
to dial a number **composer un numéro**	telephone **le téléphone**	private line **la ligne privée**
to wait **attendre**	receiver **le récepteur, l'écouteur** (m.)	collect call **la communication téléphonique payable par le destinataire (P.C.V.)**
to ask a question **poser une question**	telephone number **le numéro de téléphone**	telephone booth **la cabine téléphonique**
to ask (make a request) **demander, prier**	digit **le chiffre**	switchboard **le standard**
to hear **entendre**	area code **le code régional**	telephone exchange **le central téléphonique**
to hang up **raccrocher**	(telephone) call **le coup de téléphone, le coup de fil**	operator **le/la téléphoniste; l'opérateur** (m.), **l'opératrice** (f.)
to cut off **interrompre**	conversation **la conversation**	telephone book **l'annuaire** (m.)
to put through, connect **mettre en communication**	long-distance **le service interurbain**	telephone bill **la note de téléphone**
to make a long-distance call **donner un coup de téléphone interurbain**	local call **la communication locale, la conversation locale**	minimum charge **le tarif minimum**
to dial "direct" **téléphoner directement**	station-to-station call **la communication téléphonique ordinaire**	at less cost **à prix réduit**
to call "collect" **téléphoner en P.C.V. (communication payable par le destinataire)**	person-to-person call **la communication téléphonique personnelle avec préavis**	minute **la minute**
		lamp **la lampe**
		wire **le fil**
to call information **demander les renseignements** (m.)	long-distance call **la communication interurbaine**	father **le père**
		certain **sûr**
		behind, after **derrière**

1. Au téléphone

Analyse de l'illustration

1. Sur ce dessin, qui a appelé qui? Pouvez-vous en être sûr(e)? Pourquoi ou pourquoi pas?
2. Quel genre d'appareil téléphonique le jeune homme utilise-t-il pour donner son coup de téléphone?
3. Dans quelle main la jeune fille tient-elle l'écouteur? Et le jeune homme? Où est l'autre main du jeune homme?
4. À votre avis, quel genre de conversation est en train d'avoir lieu?
5. Qu'y a-t-il derrière la jeune fille?

Points de départ

6. Quel est le numéro de téléphone chez vous?
7. Combien de chiffres y a-t-il dans votre code régional?
8. Pourquoi est-ce plus cher d'obtenir une communication personnelle avec préavis qu'une communication téléphonique ordinaire?
9. À moins que vous ne puissiez téléphoner directement, à qui devez-vous parler pour obtenir le service interurbain?
10. Combien coûte une communication locale?
11. Quand vous avez composé le numéro et que la ligne est occupée, que faites-vous?
12. Que faites-vous quand un coup de téléphone est interrompu?
13. Décrivez un annuaire et dites ce qu'il contient.
14. Préférez-vous une ligne commune ou une ligne privée? Pourquoi?
15. Qu'est-ce qu'un standard et qu'est-ce qu'un central téléphonique?
16. Vous voulez donner un coup de fil à quelqu'un, mais vous n'avez pas le numéro. Que faites-vous?
17. Connaissez-vous quelqu'un qui accepterait de payer la communication si vous lui téléphoniez P.C.V. (payable par le destinataire)?
18. À quel moment entendons-nous le son?
19. Quand peut-on téléphoner à prix réduit?
20. Combien de minutes peut-on parler dans une communication interurbaine pour ne payer que le minimum?

Sujets de discussion

1. Mon père et la note de téléphone.
2. Comment donner un coup de téléphone interurbain payable par le destinataire.
3. Une conversation au téléphone.

to live **habiter**	light **la lumière**	pack of cigarettes **le paquet de cigarettes**
to sit **être assis**	bed **le lit**	(cigarette) lighter **le briquet**
to study **étudier**	blanket **la couverture**	ash tray **le cendrier**
to listen (to) **écouter**	bookcase **l'étagère** (*f.*), **la bibliothèque**	key **la clef**
to play (*a musical instrument*) **jouer de**	desk **le bureau**	key ring **le porte-clefs**
to ski **faire du ski**	book **le livre**	winter **l'hiver** (*m.*)
to smoke **fumer**	notebook **le carnet**	snow **la neige**
	pencil **le crayon**	ski **le ski**
room **la chambre**	wristwatch **le bracelet-montre**	life **la vie**
roommate **le camarade de chambre**	watch **la montre**	
student (*m.*) **l'étudiant** (*m.*)	guitar **la guitare**	(at the same) time **(en même) temps**
window **la fenêtre**	radio **la radio**	approximately **à peu près**
window sill **le rebord de la fenêtre**	poster **l'affiche** (*f.*)	untidy, dirty **mal tenu, sale**
can **la canette**	cigarette **la cigarette**	neat, clean **propre**
glasses **les lunettes** (*f. pl.*)	cigarette butt **le mégot**	quiet **tranquille**
wall **le mur**		noisy **bruyant**
lamp **la lampe**		

2 Les Camarades de chambre (hommes)

Analyse de l'illustration

1. Des deux compagnons de chambre, lequel est en train d'étudier?
2. Lequel des deux joue de la guitare?
3. Qu'y a-t-il sur le bureau?
4. Qu'y a-t-il sur le rebord de la fenêtre?
5. Qu'y a-t-il à côté du rebord de la fenêtre?
6. Qui a un crayon et où se trouve ce crayon?
7. Comment savez-vous que c'est la nuit et non le jour?
8. Où sont les affiches?   Décrivez-les.
9. Où sont les bras des deux jeunes gens?
10. Qui a un bracelet-montre et où est-il?
11. Comment savez-vous que quelqu'un a fumé?
12. Il y a quelques livres sur le bureau.   Y en a-t-il d'autres?   Où sont-ils?

Points de départ

13. Pouvez-vous écouter la radio et étudier en même temps?   Si oui, comment?   Si non, pourquoi pas?
14. Combien coûte à peu près un paquet de cigarettes?
15. Qu'est-ce qu'il y a sur votre bureau dans votre chambre?
16. Préférez-vous étudier dans la journée ou le soir, et pourquoi?
17. Avez-vous des affiches sur les murs de votre chambre?   Si oui, décrivez-les.   Si non, pourquoi n'en avez-vous pas?
18. Peut-on faire du ski où vous habitez?   Si oui, quand?   Si non, pourquoi pas?
19. Pensez-vous que notre illustration d'une chambre d'étudiants soit typique?   Pourquoi?
20. Décrivez une personne que vous connaissez qui joue de la guitare.

Sujets de discussion

1. La vie avec un camarade de chambre.
2. Ma chambre à l'université.
3. La bonne ou la mauvaise façon d'étudier.

to wear **porter**	roommate **la camarade de chambre**	door **la porte**
to fit the dress **épingler la robe**	hair (*on the head*) **le cheveu** (*pl.* **les cheveux**)	mirror **le miroir**
to pin the hem **épingler l'ourlet** (*m.*)	curler (*for the hair*) **le bigoudi**	lamp **la lampe**
to measure **prendre les mesures (de)**	pin **l'épingle** (*f.*)	window **la fenêtre**
to put up **coller**	pin box **la boîte d'épingles**	curtain **le rideau**
to put up one's hair **se faire une mise en plis**	dummy **le mannequin**	carpet **le tapis**
to dry **sécher**	coat hanger **le porte-manteau**	sofa **le canapé, le divan**
to look (at) **regarder**	dress **la robe**	desk **le bureau**
to obtain **obtenir**	skirt **la jupe**	book **le livre**
to remember **se souvenir (de)**	zipper **la fermeture éclair**	letter **la lettre**
to need **avoir besoin (de)**	hem **l'ourlet** (*m.*)	stationery **le papier à lettres**
to notice **apercevoir**	shoe **le soulier, la chaussure**	envelope **l'enveloppe** (*f.*)
to serve (as) **servir à**	sandal **la sandale**	bulletin board **le tableau d'affichage** (*m.*)
	(*women's*) slacks **le pantalon**	notice **l'affiche** (*f.*)
	leg **la jambe**	phonograph **le phonographe, le phono**
room (*habitation*) **la chambre, la pièce**	stocking **le bas**	
room (*space*) **la place**	panty hose **le collant**	phonograph record **le disque**

3 Les Camarades de chambre (femmes)

Analyse de l'illustration

1. Que fait la jeune fille qui a des épingles dans la bouche?
2. Pourquoi la boîte d'épingles se trouve-t-elle sur le tapis?
3. À quoi sert le mètre?
4. Où se trouve le miroir et qui s'y regarde?
5. À votre avis, combien de jeunes filles habitent ensemble dans cette chambre?
6. Qui porte un pantalon?   Qui porte des sandales?   Et qui porte des souliers?
7. Où y a-t-il quelques livres?
8. Que fait la jeune fille assise au bureau?
9. Combien de photos voyez-vous et où sont-elles?
10. Quels objets peut-on apercevoir entre la porte et la lampe?
11. Où est le porte-manteau et pourquoi est-il là?
12. Croyez-vous que cette illustration est typique d'une chambre de jeune filles?   Pourquoi?

Points de départ

13. Femmes seulement: Quand préférez-vous porter un pantalon et quand une robe ou une jupe?
14. Pourquoi pensez-vous que le tableau d'affichage est pratique?
15. Femmes seulement: Combien de temps vous faut-il pour mettre les bigoudis dans vos cheveux?   Et pour sécher vos cheveux?
16. Femmes seulement: A peu près combien d'épingles faut-il pour épingler l'ourlet d'une robe?   Une épingle tous les combien de centimètres?
17. Quand écrivez-vous des lettres et à qui?
18. Combien de pouces y a-t-il dans un pied et combien de pieds dans un yard?
19. Quelle est votre taille en pieds et pouces?
20. Quelle est votre taille en mètres et centimètres?   (1 mètre = 3,2 pieds; 1 centimètre = 0,39 pouces)

Sujets de discussion

1. Ma chambre à l'université.
2. La vie avec ma camarade de chambre.
3. Comment épingler un ourlet.

---

photograph   **la photo, la photographie**
(indoor) plant   **la plante d'intérieur**
doll   **la poupée**
life   **la vie**
object   **l'objet** (m.)
mouth   **la bouche**

use   **l'usage** (m.), **l'emploi** (m.)
yard (measurement)   **le yard**
yardstick, tape measure   **le mètre**
size, height   **la taille**
inch   **le pouce**
foot   **le pied**

meter   **le mètre**
centimeter   **le centimètre**

useful   **utile**
tall   **grand** (of persons); **haut** (of things)
practical   **pratique**

to lecture **faire une conférence**	professor **le professeur** (*no fem.:* elle est professeur)	chalk **la craie**
to attend lectures **suivre des cours**	college, university **l'université** (*f.*)	glasses **les lunettes** (*f. pl.*)
to register at the university **prendre ses inscriptions**	high school **le lycée, l'école supérieure** (*f.*), **le collège**	anatomy **l'anatomie** (*f.*)
to major (in) **se spécialiser (dans)**	course, subject of instruction **le cours, le sujet**	architecture **l'architecture** (*f.*)
to demonstrate **faire une démonstration**	on the subject of **au sujet de**	engineering **l'art** (*m.*) **d'ingénieur** (*m.*)
to take notes **prendre des notes**	major field **la matière principale**	literature **la littérature**
to teach **enseigner**	class **le cours, la classe**	writer **l'écrivain** (*m.*); (*no fem.:* elle est écrivain)
to study **étudier**	classroom **la classe**	face **la figure, le visage**
to take an examination **passer un examen**	explanation **l'explication** (*f.*)	number **le nombre**
to be successful, succeed **réussir**	lecture **la conférence**	
to pass the examination **réussir à l'examen** (*m.*)	lecture hall **la salle des conférences, l'amphithéâtre** (*m.*)	Spanish **espagnol**
to fail (*intrans.*) **échouer**	skull **le crâne**	English **anglais**
to name **nommer**	bench **le banc**	German **allemand**
to interest **intéresser**	blackboard **le tableau noir**	French **français**
to take an interest in **s'intéresser à**	building **le bâtiment, l'immeuble** (*m.*)	high **haut**
to distinguish **distinguer**	model, mock-up **le maquette**	low **bas**
to install **installer**	bridge **le pont**	right-handed **droitier, droitière**
		left-handed **gaucher, gauchère**
student **l'étudiant** (*m.*), **l'étudiante** (*f.*)		pleasant **agréable**
		unpleasant **désagréable**

4 Les Salles de conférences

Analyse de l'illustration

1. Qui porte des lunettes? Sur quel dessin?
2. Comment pouvez-vous distinguer le cours d'anatomie des autres cours?
3. Dans la salle où est installée sur une table la maquette d'un bâtiment, que fait le professeur?
4. Qui donne une explication au sujet d'un pont?
5. Qu'enseignent les professeurs?
6. Dans quels cours est-il impossible de voir la figure des étudiants?
7. Pourquoi est-il impossible de voir la figure du professeur d'architecture?
8. Quelle est la différence entre les bancs dans le cours d'anatomie et ceux dans le cours d'ingénieurs?
9. Quel cours a le plus petit nombre d'étudiants?
10. Lequel des quatre cours vous intéresse le plus et pourquoi?
11. Sur l'illustration, qui est gaucher? Comment le savez-vous?

Points de départ

12. Qui était Shakespeare?
13. Qu'est-ce qu'il y a d'agréable dans la vie d'un étudiant ou d'une étudiante?
14. Qu'est-ce qu'il y a de désagréable dans la vie d'un étudiant ou d'une étudiante?
15. Avec quoi écrit-on sur le tableau noir?
16. Quand prend-on des notes?
17. En général, quelle est la différence entre une classe et un amphithéâtre?
18. Aimeriez-vous devenir professeur? Si oui, pourquoi? Si non, pourquoi pas?
19. Nommez quelques différences entre le lycée et l'université.
20. Combien de sujets étudiez-vous maintenant? Nommez-en deux.

Sujets de discussion

1. Pourquoi je ne veux pas échouer dans ce sujet.
2. Description de mon cours de . . .
3. Comment réussir.

to read	**lire**
to write	**écrire**
to look (at)	**regarder**
to browse, leaf through	**feuilleter, parcourir**
to look up	**chercher**
to lend	**prêter**
to borrow	**emprunter**
to find	**trouver**
to stand (at)	**se tenir (à, devant)**
to study	**étudier**
to take notes	**prendre des notes**
to leave, go out	**sortir, s'en aller**
to be in the process of	**être en train de** (+ *inf.*)
library	**la bibliothèque**
librarian	**le/la bibliothécaire**
professor	**le professeur** (*no fem.:* elle est professeur)
teacher	**le maître, la maîtresse; l'instituteur** (*m.*), **l'institutrice** (*f.*)
student	**l'étudiant** (*m.*), **l'étudiante** (*f.*)
pupil, student (*precollege*)	**l'élève** (*m.*), **l'élève** (*f.*); **l'écolier** (*m.*), **l'écolière** (*f.*)
book	**le livre**
bookshelf, shelf	**l'étagère** (*f.*), **le rayon**
bookshelves, shelving, rack	**le rayonnage**
magazine	**la revue**
dictionary	**le dictionnaire**
word	**le mot**
definition	**la définition**
encyclopedia	**l'encyclopédie** (*f.*)
information	**l'information** (*f.*)
atlas	**l'atlas** (*m.*)
reference book	**le livre de références**
fiction	**la fiction**
nonfiction	**la littérature documentaire, factuelle**
artistic work	**l'œuvre** (*f.*)
novel	**le roman**
short story	**le récit, le conte**
poetry	**la poésie**
plot	**l'intrigue** (*f.*)
poem	**le poème**
play	**la pièce, la pièce de théâtre**
briefcase	**la serviette, le porte-documents**
paper	**le papier**
glasses	**les lunettes** (*f. pl.*)
chair	**la chaise**
skirt	**la jupe**
(women's) slacks	**le pantalon**
jeans	**les jeans**
sweater	**le chandail, le sweater**
hand	**la main**
foot	**le pied**
shoe	**le soulier, la chaussure**
hair (*on the head*)	**le cheveu** (*pl.* **les cheveux**)
boy, young fellow	**le jeune homme**
little boy	**le garçonnet**
girl, young unmarried woman	**la jeune fille**
room	**la chambre, la pièce**
little girl	**le fillette**
majority (of), most	**la plupart (de)**

4 Les Salles de conférences

Analyse de l'illustration

1. Qui porte des lunettes?   Sur quel dessin?
2. Comment pouvez-vous distinguer le cours d'anatomie des autres cours?
3. Dans la salle où est installée sur une table la maquette d'un bâtiment, que fait le professeur?
4. Qui donne une explication au sujet d'un pont?
5. Qu'enseignent les professeurs?
6. Dans quels cours est-il impossible de voir la figure des étudiants?
7. Pourquoi est-il impossible de voir la figure du professeur d'architecture?
8. Quelle est la différence entre les bancs dans le cours d'anatomie et ceux dans le cours d'ingénieurs?
9. Quel cours a le plus petit nombre d'étudiants?
10. Lequel des quatre cours vous intéresse le plus et pourquoi?
11. Sur l'illustration, qui est gaucher?   Comment le savez-vous?

Points de départ

12. Qui était Shakespeare?
13. Qu'est-ce qu'il y a d'agréable dans la vie d'un étudiant ou d'une étudiante?
14. Qu'est-ce qu'il y a de désagréable dans la vie d'un étudiant ou d'une étudiante?
15. Avec quoi écrit-on sur le tableau noir?
16. Quand prend-on des notes?
17. En général, quelle est la différence entre une classe et un amphithéâtre?
18. Aimeriez-vous devenir professeur?   Si oui, pourquoi?   Si non, pourquoi pas?
19. Nommez quelques différences entre le lycée et l'université.
20. Combien de sujets étudiez-vous maintenant?   Nommez-en deux.

Sujets de discussion

1. Pourquoi je ne veux pas échouer dans ce sujet.
2. Description de mon cours de . . .
3. Comment réussir.

to read lire
to write écrire
to look (at) regarder
to browse, leaf through feuilleter, parcourir
to look up chercher
to lend prêter
to borrow emprunter
to find trouver
to stand (at) se tenir (à, devant)
to study étudier
to take notes prendre des notes
to leave, go out sortir, s'en aller
to be in the process of être en train de (+ inf.)

library la bibliothèque
librarian le/la bibliothécaire
professor le professeur (no fem.: elle est professeur)
teacher le maître, la maîtresse; l'instituteur (m.), l'institutrice (f.)
student l'étudiant (m.), l'étudiante (f.)
pupil, student (precollege) l'élève (m.), l'élève (f.); l'écolier (m.), l'écolière (f.)
book le livre
bookshelf, shelf l'étagère (f.), le rayon
bookshelves, shelving, rack le rayonnage
magazine la revue
dictionary le dictionnaire
word le mot
definition la définition
encyclopedia l'encyclopédie (f.)
information l'information (f.)
atlas l'atlas (m.)
reference book le livre de références
fiction la fiction
nonfiction la littérature documentaire, factuelle
artistic work l'œuvre (f.)
novel le roman
short story le récit, le conte
poetry la poésie
plot l'intrigue (f.)

poem le poème
play la pièce, la pièce de théâtre
briefcase la serviette, le porte-documents
paper le papier
glasses les lunettes (f. pl.)
chair la chaise
skirt la jupe
(women's) slacks le pantalon
jeans les jeans
sweater le chandail, le sweater
hand la main
foot le pied
shoe le soulier, la chaussure
hair (on the head) le cheveu (pl. les cheveux)
boy, young fellow le jeune homme
little boy le garçonnet
girl, young unmarried woman la jeune fille
room la chambre, la pièce
little girl le fillette
majority (of), most la plupart (de)

10

5 La Bibliothèque

Analyse de l'illustration

1. Combien de personnes sont visibles sur ce dessin?
2. Que font la plupart des étudiants et étudiantes?
3. Qui est en train de sortir et que tient cette personne à la main?
4. Qui a des cheveux longs?   Des cheveux courts?   Qui est presque chauve?
5. Où sont la plupart des livres?
6. Comment savez-vous que c'est une bibliothèque?
7. Décrivez l'étudiante au premier plan.
8. Que fait la jeune fille devant le rayonnage?
9. Que fait la jeune fille aux cheveux longs?

Points de départ

10. Qu'est-ce qu'une bibliothèque?
11. Expliquez la différence entre un rayon et un rayonnage.
12. En général, où préférez-vous étudier, à la bibliothèque ou dans votre chambre?   Pourquoi?
13. Nommez quelques-unes des différences entre un livre et une revue.
14. Expliquez la différence entre un dictionnaire et une encyclopédie.
15. Qu'est-ce qu'un livre de références?   Nommez deux livres de références.
16. Expliquez la différence entre la fiction et la littérature documentaire.
17. Décrivez brièvement l'intrigue d'un conte ou d'un roman que vous avez lu.
18. Que veut dire «feuilleter»?
19. Pourquoi ne doit-on pas écrire dans les livres de bibliothèque?
20. Décrivez la bibliothèque de votre école ou de votre université.

Sujets de discussion

1. Ce que l'on trouve dans une bibliothèque.
2. Hier, en sortant de la bibliothèque...
3. Un bon livre que j'ai lu récemment.

---

fictional **fictif, fictive**	noisy **bruyant**	lately **récemment, dernièrement**
nonfictional **documentaire; factuel, factuelle**	quiet **silencieux, silencieuse**	briefly **brièvement**
	long **long, longue**	yesterday **hier**
imaginary **imaginaire**	short **court**	hardly any **presque rien, très peu**
true **vrai, véritable**	bald **chauve**	

to dance **danser**	decorations **les décorations** (f. pl.)	trumpet **la trompette**
to sing **chanter**	band **l'orchestre** (m.)	trombone **le trombone**
to stay out late **rester dehors tard**	bandstand **l'estrade** (f.)	clarinet **la clarinette**
to appear to (+ inf.) **avoir l'air** (m.) de (+ inf.)	cloak room **le vestiaire**	saxophone **le saxophone**
to have fun, enjoy oneself **bien s'amuser**	phonograph **le phonographe**	waltz **la valse**
to play a waltz **jouer une valse**	phonograph record **le disque**	rock (and roll) **le rock (and roll)**
to play (musical instrument) **jouer de**	break, intermission **la pause, le temps d'arrêt** (m.)	classical music **la musique classique**
to play (phonograph) **faire jouer**	pitcher **la cruche**	semiclassical music **la musique légère**
to smile **sourire**	glass **le verre**	popular music **la musique populaire**
to laugh **rire**	tray **le plateau**	folk music **la musique folklorique**
to hire **louer**	sandwich **le sandwich**	country music **la musique de campagne**
to take a break **faire une pause**	refreshments **les rafraîchissements** (m. pl.)	teenager **le «teenager»**
to check one's coat at the cloak room **mettre son manteau au vestiaire**	musician **le musicien, la musicienne**	partner (at a dance) **le/la partenaire**
to return home **rentrer**	musical instrument **l'instrument** (m.) **de musique**	wall **le mur**
	guitar **la guitare**	mouth **la bouche**
dance **le bal, la soirée dansante**	drum **le tambour**	bracelet **le bracelet**
discotheque **la discothèque**	wind instrument **l'instrument** (m.) **à vent**	
(individual) dance **la danse**		happy **heureux, heureuse**
		obviously **évidemment**
		tardy, late **tardif, tardive**

12

6 Un Bal

Analyse de l'illustration

1. Quels sont et où sont les rafraîchissements?
2. Quel genre de musique l'orchestre a-t-il l'air de jouer?   Et pourquoi pensez-vous cela?
3. Décrivez les musiciens et ce qu'ils font.
4. D'après le dessin, les jeunes gens ont-ils l'air de bien s'amuser?   Pourquoi?
5. Qui semble être la personne la plus heureuse sur le dessin, et pourquoi?
6. Voyez-vous des jeunes filles qui portent des bracelets?   Lesquelles?
7. Sur le dessin, quels sont les jeunes gens qui ne dansent pas?
8. Qu'est-ce qu'un vestiaire et où est-il sur le dessin?
9. Où sont les décorations?
10. Décrivez le dessin d'une façon générale.

Points de départ

11. Quand vous allez danser avec un garçon (ou une jeune fille) que vous ne connaissez pas bien, de quoi parlez-vous?
12. Quelle est la différence entre une valse et le rock?
13. Qu'est-ce qu'une estrade?
14. Quelle ressemblance voyez-vous entre une trompette, une clarinette, un saxophone et un trombone?
15. Quelle est l'heure la plus tardive à laquelle vous êtes rentré(e) chez vous?   Quand et pourquoi?
16. Quel est l'instrument de musique le plus employé dans la musique folklorique?
17. Pendant combien de temps un adolescent est-il un «teenager»?
18. Où peut-on laisser son manteau avant d'entrer dans la salle où l'on danse?
19. Comment est-il possible pour des jeunes gens de danser sans louer un orchestre?
20. Que peut-on faire quand l'orchestre fait une pause?

Sujets de discussion

1. Genres de musique.
2. Ce qui se passe quand je rentre trop tard.
3. Description d'un bal à l'université.

to sit	s'asseoir	
to be sitting	être assis	
to be shod	être chaussé	
to knit	tricoter	
to fall asleep	s'endormir	
to sleep	dormir	
to watch TV	regarder le télé	
to turn on (TV)	mettre, ouvrir	
to turn off (TV)	éteindre, fermer	
to advertise	faire de la publicité	
to have just (read)	venir de (lire)	
to hold	tenir	
to occur	se passer	

family	la famille
father	le père
mother	la mère
son	le fils
daughter	la fille
husband	le mari
wife	la femme
niece	le nièce
nephew	le neveu
grandfather	le grand-père
grandmother	la grand-mère
granddaughter	la petite-fille
grandson	le petit-fils
brother	le frère
sister	la sœur
aunt	la tante
uncle	l'oncle (m.)
cousin	le cousin, la cousine
relative (family)	le parent, la parente
member	le membre
degree	le degré
house, home	la maison
home	le foyer, le chez soi
window	la fenêtre
table	la table
sofa	le divan
lamp	la lampe
armchair	le fauteuil
furniture	les meubles (m. pl.)
television set	l'appareil (m.) de télévision, le téléviseur
television	la télévision, la télé
color television	la télévision en couleur
channel	la chaîne
program	le programme
preference	la préférence
television "commercial"	la réclame de télévision
station	le poste émetteur, le poste d'émission (f.)
radio	la radio, la radiodiffusion, la T.S.F.
radio (set)	l'appareil de radio, le poste de T.S.F.
transistor radio	le poste transistor, le transistor
daytime	la journée
evening	la soirée
scene	la scène
portrait	le portrait
district, neighborhood	le quartier
size	la taille
magazine	la revue, le magazine
glasses	les lunettes (f. pl.)
lap	les genoux (m. pl.)
slipper	la pantoufle, le chausson
pastime	le passe-temps

while	tout en
comfortably	confortablement
favorite	préféré; favori, favorite

7 La Famille

Analyse de l'illustration

1. Quels sont les membres de cette famille?
2. À quelle heure de la journée ou de la soirée se passe cette scène?
3. Que fait la mère en regardant la télé et où est-elle assise?
4. Décrivez les meubles du salon.
5. Est-ce que le père est assis confortablement?   Pourquoi?
6. Que fait le petit garçon et où est-il assis?
7. Où est le téléviseur?
8. Comment savez-vous que le père vient de lire?

Points de départ

9. Quel est votre passe-temps préféré quand vous êtes chez vous le soir?
10. En parlant de radio ou de télévision, quelle est la différence entre une chaîne et un poste?
11. Quel est votre programme de télévision préféré?   Si vous n'avez pas de préférence, expliquez pourquoi.
12. Qu'est-ce que c'est qu'une réclame de télévision ou de radio?
13. Où et quand aimez-vous écouter la radio?
14. Décrivez votre famille.
15. Faites en quelques mots le portrait de votre parent favori.
16. Qui êtes-vous pour la soeur de votre père?   pour la fille de votre grand-père?   pour la fille du frère de votre mère?   pour votre oncle?
17. Quelle est, à votre avis, la famille idéale?   C'est à dire, combien de membres devrait-elle avoir et pourquoi?
18. Décrivez une famille de votre quartier.
19. Expliquez la différence entre une «maison» et un «chez soi».
20. Si vous n'aviez qu'un seul appareil de télévision, qui deciderait le programme qu'on allait mettre?

Sujets de discussion

1. Pourquoi, en général, j'aime (je n'aime pas) la télévision.
2. Pourquoi le père sur l'illustration s'est endormi.
3. Mon foyer et ma famille.

to make the bed **faire le lit**	basement **le sous-sol**	buffet, sideboard **la crédence**
to clean house **faire le ménage**	cellar **la cave**	rug **le tapis**
to dust **essuyer, épousseter**	floor plan **le plan de la maison**	lamp **la lampe**
to sweep **balayer**	stairway **l'escalier** (m.)	fireplace **la cheminée**
to scrub **frotter fort**	attic **le grenier**	furniture **les meubles, le mobilier**
to rent, hire **louer**	roof **le toit**	chest of drawers **la commode**
to buy **acheter**	apartment **l'appartement** (m.)	desk **le bureau**
to own **posséder**	chimney **la cheminée**	chair **la chaise**
to keep (preserve) **garder**	lightening rod **le paratonnerre**	armchair **le fauteuil**
to live **habiter**	window **la fenêtre**	footstool, hassock **le repose-pieds, le pouf**
to play (musical instr.) **jouer de**	doorway **la porte**	cushion **le coussin**
to notice **apercevoir**	ceiling **le plafond**	planter **la jardinière**
to perform (work) **effectuer**	wall (interior) **le mur**	trunk **la malle**
	room **la pièce, la chambre**	curtain **le rideau**
house **la maison**	living room **le salon**	drape **le double rideau**
"dream home" **la maison de mes rêves**	dining room **la salle à manger**	furnace **la chaudière**
two-story house **la maison à deux étages**	bedroom **la chambre à coucher**	garbage can **la poubelle, la boîte à ordures**
housewife **la ménagère**	bathroom **la salle de bains**	mortgage **l'hypothèque** (f.)
household chore **le travail ménager**	kitchen **la cuisine**	down payment **les arrhes** (f. pl.)
upper floor **l'étage** (m.) **supérieur**	floor (to walk on) **le plancher**	maid **la bonne**
groundfloor **le rez-de-chaussée**	floor (unit of counting) **l'étage** (m.)	
	corridor **le couloir, le corridor**	
	piano **le piano**	

8 La Maison

Analyse de l'illustration

1. Combien d'étages a cette maison? Nommez-les.
2. Où sont les poubelles?
3. Que voyez-vous dans le grenier?
4. Pourquoi diriez-vous que cette maison est grande ou petite?
5. Où voyez-vous un tapis dans la maison?
6. Pourquoi est-ce que cette maison a une cheminée, et que voyez-vous sur le toit en plus de la cheminée?
7. Décrivez ce que vous voyez dans la salle à manger.
8. Où est la cuisine?
9. Aimeriez-vous habiter dans cette maison? Pourquoi? Pourquoi pas?
10. Où sont les fauteuils devant lesquels il y a des poufs?
11. Où est la salle de bains que l'on aperçoit?
12. Où est l'escalier?
13. Comment le garçon voit-il suffisamment clair pour jouer du piano jour et nuit?
14. Décrivez les meubles de la pièce où se trouve un bureau.

Points de départ

15. Nommez quelques travaux que la ménagère doit effectuer chaque jour.
16. Décrivez une cave typique.
17. Pourquoi est-ce que beaucoup de gens louent un appartement au lieu d'acheter une maison?
18. Pourquoi est-ce que beaucoup de gens aiment mieux acheter une maison que louer un appartement?
19. Qu'est-ce que les gens gardent dans leurs malles et ailleurs au grenier, en général?
20. Expliquez ce qu'est une hypothèque.

Sujets de discussion

1. La maison de mes rêves.
2. Les pièces et le mobilier d'une maison.
3. Comment faire le ménage.

to cook	préparer, apprêter; faire la cuisine; cuire	
to uncork	déboucher	
to pour	verser	
to serve	servir	
to be very hungry	être affamé	
to reach	atteindre	
to scold	gronder	
to wash dishes	faire la vaisselle	
to take out	enlever	
to place	placer	
to sit down	s'asseoir	
mother	la mère	
father	le père	
son	le fils	
daughter	la fille	
housewife	la maîtresse de maison	
kitchen	la cuisine	
garbage disposal	le broyeur à ordures	
kitchen appliance	l'appareil (m.) ménager	
pressure cooker	la cocotte	
stove	la cuisinière	
electric stove	la cuisinière électrique	
burner	la plaque chauffante, le brûleur	
back burner	la plaque arrière	
front burner	la plaque de devant	
oven	le four	
microwave oven	le four micro-ondes	
sink	l'évier (m.)	
fan	le ventilateur	
refrigerator	le réfrigérateur	
automatic dishwasher	le lave-vaisselle	
ice box	la glacière	
closet	le placard	
window sill	le rebord de la fenêtre	
apron	le tablier	
basket	le panier	
bread	le pain	
roll	le petit pain	
coffee	le café	
coffee pot	la cafetière	
(coffee) cup	la tasse	
salad	la salade	
salad bowl	le saladier	
salt	le sel	
pepper	le poivre	
vinegar	le vinaigre	
oil	l'huile (f.)	
bottle	la bouteille	
pan	la casserole	
ladle	la louche	
pot	la marmite, le pot	
frying pan	la poêle	
handle	la poignée	
glass	le verre	
wine	le vin	
cork	le bouchon	
fruit	le fruit	
plate, dish	l'assiette (f.)	
napkin	la serviette	
meal	le repas	
food	la nourriture	
disadvantage	l'inconvénient (m.)	
flower pot	le pot à fleurs, le pot de fleurs	
detergent	le détersif	

9 La Cuisine

Analyse de l'illustration

1. Qui paraît le plus affamé?   Comment le savez-vous?
2. Qu'est-ce que le père a à la main et que fait-il?
3. Quels appareils ménagers ne sont pas visibles sur ce dessin?
4. Sur quelle plaque de la cuisinière se trouve la cafetière?
5. Quand servira-t-on le café?   Comment le savez-vous?
6. Quels sont les objets sur le rebord de la fenêtre?
7. Pensez-vous que le réfrigérateur soit bien placé?   Pourquoi?   Pourquoi pas?
8. Pourquoi est-ce que la poignée du réfrigérateur est dans une mauvaise position?
9. Où est le placard?
10. Comment savez-vous que le vin a été débouché mais pas encore servi?
11. Qui va boire du vin et qui ne va pas en boire?   Comment le savez-vous?
12. Qu'est-ce qu'il y a dans les petites bouteilles à gauche du saladier?
13. Si c'est une scène européenne, quand mangera-t-on les fruits?
14. Où est le saladier?
15. Où sont le poivre et le sel?

Points de départ

16. Décrivez votre cuisine.
17. Pourquoi met-on une serviette sur le pain ou les petits-pains quand on les enlève du four et les place dans un panier à pain?
18. Quand mange-t-on la salade en Amérique et en Europe?   Quand préférez-vous la manger?
19. Pourquoi aimez-vous (ou n'aimez-vous pas) manger à la cuisine?
20. Aimeriez-vous préparer le repas ou préféreriez-vous faire la vaisselle et pourquoi?

Sujets de discussion

1. Les appareils ménagers.
2. Avantages et inconvénients de manger dans la cuisine.
3. Les repas à mon école ou à l'université et comment ils sont servis.

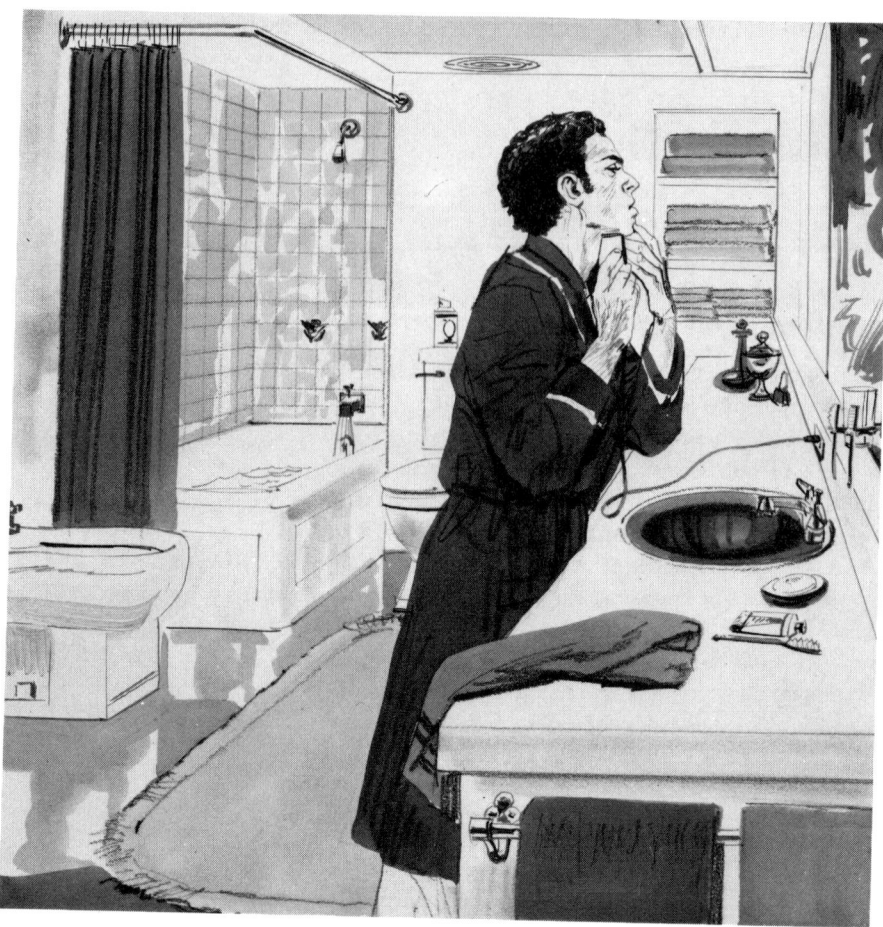

to shave (oneself) **(se) raser**	towel **la serviette, l'essuie-main** (*m.*)	ceiling **le plafond**
to clean (brush) one's teeth **se laver (brosser) les dents**	towel rack **le porte-serviette**	floor **le plancher**
to turn on the water **ouvrir le robinet**	washbowl **le lavabo**	(on the) floor **(par) terre** (*f.*)
to turn off the water **fermer le robinet**	dressing table, counter **la table de toilette**	toilet **la toilette**
to take a bath **prendre un bain**	faucet **le robinet**	bidet **le bidet**
to take a shower **prendre une douche**	soap **le savon**	bathtub **la baignoire**
to dry (oneself) **(se) sécher**	toothbrush **la brosse à dents**	shower **la douche**
to run (*of water*) **couler**	toothpaste **la pâte dentifrice, le dentifrice**	(shower) curtain **le rideau (pour la douche)**
to run water **faire couler de l'eau** (*f.*)	straight razor **le rasoir droit**	(electrical) outlet **la prise (de courant)**
to splash **éclabousser**	safety razor **le rasoir de sûreté**	shelf **le rayon**
to wash (oneself) **(se) laver**	electric razor **le rasoir électrique**	rug **le tapis**
to wear **porter**	plug **la prise**	fan **le ventilateur**
to live **vivre, habiter**	cord **la corde électrique, le fil électrique**	use **l'usage** (*m.*), **l'emploi** (*m.*)
bathroom **la salle de bains**	end **le bout**	
garment **le vêtement**	shaving cream **la crème à raser**	alone **seul**
bathrobe **la robe de chambre, le peignoir**	mirror **le miroir**	as **aussi, comme**
pajamas **le pyjama**	glass (*container*) **le verre**	close (to) **près (de)**

10 La Salle de bains

Analyse de l'illustration

1. Comment savez-vous que l'homme se prépare à prendre un bain et non une douche?
2. Cette salle de bains, pourrait-elle être aussi bien américaine qu'européenne?
3. Qu'y a-t-il par terre?
4. Où se trouvent les serviettes?
5. Où est la prise pour le rasoir électrique?
6. Où est le ventilateur?
7. Quels sont les objets sur le lavabo, à la droite de l'homme qui se rase?   Qu'y a-t-il devant lui?
8. Où est la toilette?   Où est le bidet?
9. Quelle sorte de vêtement porte l'homme?
10. Qu'est-ce qu'il y a à chaque bout de la corde électrique?
11. Sur cette illustration, quels sont les objets qui vous font penser que cet homme ne vit probablement pas seul?
12. Pourquoi ne voyez-vous pas de crème à raser?
13. Pourquoi la prise de courant ne devrait-elle pas être aussi près du lavabo qu'elle l'est sur l'illustration?

Points de départ

14. À quoi servent les serviettes?
15. Expliquez la fonction d'un rideau pour la douche.
16. Comment est-ce qu'on ouvre ou ferme le robinet?
17. Deux hommes veulent prendre une douche et se raser.   Quelle est la première chose que chacun fera, si l'un a un rasoir électrique et l'autre un rasoir droit?
18. Combien de fois par jour vous lavez-vous les dents?
19. Expliquez la différence entre l'usage d'une baignoire et l'usage d'un lavabo.
20. Expliquez la différence entre l'usage d'une baignoire et celui d'une douche.

Sujets de discussion

1. Salles de bains anciennes et modernes.
2. Les avantages d'un rasoir électrique.
3. L'homme qui a mis de la crème à raser sur sa brosse à dents.

to set the table	**mettre la table, mettre le couvert**	
to clear the table	**débarrasser la table, desservir**	
to serve	**servir**	
to pour	**verser**	
to make toast	**faire du pain grillé, faire des toasts**	
to make a toast (*to someone or something*)	**porter un toast**	
to have just (done it)	**venir de (le faire)**	

table **la table**
etiquette **le savoir-vivre, les règles** (*f. pl.*) **de bienséance** (*f.*)**, l'étiquette** (*f.*)
meal **le repas**
dinner (supper) **le dîner**
gala dinner **le dîner de gala**
tablecloth **la nappe**
napkin **la serviette**
center piece **le milieu de la table**

head of the table **la tête de la table**
place setting **le couvert**
cutlery, silverware **l'argenterie** (*f.*)
serving plate **l'assiette** (*f.*) **de dessous**
plate **l'assiette** (*f.*)
saucer **la soucoupe**
utensil **l'ustensile** (*m.*)
dinner knife **le couteau (de table)**
butter knife **le couteau à beurre**
dinner fork **la grande fourchette**
salad fork **la fourchette à salade**
dessert fork **la fourchette à dessert**
teaspoon **la petite cuillère**
soup spoon, tablespoon **la cuillère à soupe, la grande cuillère**
saltshaker **la salière**
peppershaker **le poivrier**
soup bowl **la soupière**
handle **le manche**
decanter **la carafe**
water **l'eau** (*f.*)
wine **le vin**

wine basket **la panière à vin**
water glass **le verre à eau**
wine glass **le verre à vin**
ash tray **le cendrier**
cigarette **la cigarette**
(cigarette) lighter **le briquet**
flower **la fleur**
host **l'hôte** (*m.*)
hostess **l'hôtesse** (*f.*)
guest **l'invité** (*m.*)**, l'invitée** (*f.*)
waiter **le garçon**
waitress **la serveuse**
duties **les fonctions** (*f. pl.*)
tray **le plateau**
chair **la chaise**

formal **protocolaire; cérémonieux, cérémonieuse**
informal **sans cérémonie**
everybody **tout le monde**
on the subject of **au sujet de**
on the left side **à gauche**

11 Le Couvert

Analyse de l'illustration

1. Comment savez-vous que le repas n'a pas encore été servi?
2. Comment savez-vous que ce sera un dîner de gala?
3. Que versera-t-on dans chacun des deux verres?
4. Est-ce que la petite fourchette à gauche de la grande fourchette est la fourchette à dessert ou la fourchette à salade?   Comment le savez-vous?
5. Diriez-vous que cette table est mise à la façon américaine ou française?
6. Pourquoi chaque couvert a-t-il une petite cuillère et une cuillère à soupe?
7. Où sont placées les serviettes?
8. Qu'est-ce qu'il y a au milieu de la table?
9. Qui va s'asseoir à la tête de la table?
10. S'il y a deux hôtes, combien d'invités vont venir pour dîner?
11. Quels sont les couverts à droite des assiettes?
12. Où sont la salière et le poivrier?
13. À quoi sert la petite assiette à gauche des couverts?
14. Pourquoi les paniers pour les bouteilles de vin sont-ils dans cette position?
15. Qu'est-ce qu'il y a sur les petites assiettes qui sont devant les couverts des deux hôtes?
16. Quand tout le monde sera assis, qui aura la carafe à sa gauche?

Points de départ

17. Comment fait-on du pain grillé?
18. Quelle sont les fonctions d'un garçon ou d'une serveuse?
19. Quelle est la différence entre une assiette et une soucoupe?   Entre une grande cuillère et une petite cuillère?
20. Que répondriez-vous à un invité qui vous dirait qu'il n'a pas aimé le repas que vous venez de lui servir?

Sujets de discussion

1. La façon de mettre le couvert.
2. Comment servir un grand repas.
3. Au sujet des vins...

to breathe respirer	ear *(exterior)* l'oreille *(f.)*	palm la paume
to bend *(intr.)* se plier, se baisser	ear *(hearing)* l'ouïe *(f.)*	knuckle l'articulation *(f.)* des doigts
to run courir	nose le nez *(pl. unchanged)*	finger le doigt
to close fermer	nostril la narine	thumb le pouce
to link se joindre	cheek la joue	index finger l'index *(m.)*
to enumerate nommer	appearance l'aspect *(m.)*	middle finger le majeur
to call appeler	temple la tempe	ring finger l'annulaire *(m.)*
to function fonctionner	jaw la mâchoire	little finger l'auriculaire *(m.)*
to find trouver	mouth la bouche	ring la bague; l'anneau *(m.)*
to see voir	lip la lèvre	mustache la moustache
to circulate circuler	tongue la langue	fingernail l'ongle *(m.)*
to be called se nommer	tooth la dent	fist le poing
	chin le menton	waist la ceinture
body le corps	beard la barbe	hip la hanche
face la figure, le visage	neck le cou	buttock la fesse
head la tête	trunk *(of the body)* le torse	thigh la cuisse
forehead, brow le front	shoulder l'épaule *(f.)*	leg la jambe
skull le crâne	back le dos	knee le genou
brain le cerveau	chest *(men or women)* la poitrine	calf le mollet
hair le cheveu *(pl. cheveux)*	breast *(women)* la poitrine, le sein	ankle la cheville
hair *(other than head)* le poil	bosom le sein	foot le pied
eye l'œil *(m. pl. les yeux)*	arm le bras	toe l'orteil *(m.)*, le doigt de pied
eyelid la paupière	elbow le coude	toenail l'ongle *(m.)* de l'orteil, du doigt de pied
eyelash le cil	wrist le poignet	
eyebrow le sourcil	hand la main	bone l'os *(m., pl. unchanged)*

12 Le Corps humain

Analyse de l'illustration

1. Décrivez l'homme.
2. Décrivez la femme.
3. Qui est plus grand?   Qui pèse le plus?

Points de départ

4. Par quoi la tête est-elle jointe au torse?
5. Nommez les différentes parties de la figure.
6. Expliquez la différence entre un cil et un sourcil.
7. Que trouve-t-on dans le crâne?
8. Combien de dents a un adulte normal?
9. Si une personne est grosse, quelle est la partie du corps qui rendra cette condition visible dès l'abord?
10. Comment circule le sang?
11. Combien de doigts avons-nous?
12. Comment se nomment les cinq doigts en français?
13. Si vous portez une bague, sur quel doigt de quelle main la portez-vous?   Si vous n'avez pas de bague, pourquoi n'en avez-vous pas?
14. Nommez une partie extérieure du corps sur laquelle il n'y a pas de peau.
15. Quelle est la fonction des poumons?
16. Nommez toutes les parties du corps en dessous de la cuisse.
17. L'articulation des doigts, le poignet, le coude et la cheville, en quoi sont-ils semblables?
18. Où est la paume de la main?
19. Comment appelle-t-on une main fermée?
20. Nommez deux parties du corps qui sont seulement visibles de dos et deux qui ne le sont pas.

Sujets de discussion

1. Comment fonctionne le corps humain.
2. Comment rester sain.
3. L'homme (la femme) idéal(e).

joint	la jointure, l'articulation (f.)	unhealthy	malsain	fat	gros, grosse
skin	la peau	tall	grand (people); haut	young	jeune
blood	le sang	short	petit (people); court	old	vieux, vieille
artery	l'artère (f.)	physical	physique	married	marié
vein	la veine	visible	visible	single	célibataire
heart	le cœur	below	en dessous, au dessous	right	droit
stomach	l'estomac (m.)	above	en dessus, au-dessus	left	gauche
lung	le poumon	thin, slender	mince	similar	semblable
muscle	le muscle	skinny	maigre	from the front	de face
		heavy	lourd	from the back	de dos
human	humain	general	général	from the start	dès l'abord
healthy	sain				

to go in for a sport	**faire du sport, pratiquer un sport**	
to play (tennis, football, *etc.*)	**jouer à (au tennis, au football,** *etc.*)	
to win	**gagner**	
to lose	**perdre**	
to throw	**lancer**	
to hit (*a ball*)	**frapper**	
to serve (*a ball*)	**servir**	
to score a point	**gagner un point**	
to run	**courir**	
to swim	**nager**	
to go skiing	**faire du ski**	
sport	**le sport**	
sports fan	**l'admirateur** (*m.*), **l'admiratrice** (*f.*)	
sports enthusiast	**le/la fanatique (de sport)**	
sportsmanship	**la conduite sportive**	
athlete	**l'athlète** (*m.*), **la femme athlète**	
amateur	**l'amateur** (*m.*), **la femme amateur**	
professional	**le professionnel, la professionnelle**	
spectator	**le spectateur, la spectatrice**	
game, match	**la partie, le match**	
player	**le joueur, la joueuse**	
team	**l'équipe** (*f.*)	
referee, umpire	**l'arbitre** (*m.*), **la femme arbitre**	
point	**le point**	
tie, draw	**le match nul**	
stadium	**le stade**	
court	**le court**	
field	**le terrain**	
line	**la ligne**	
ball	**la balle**	
singles	**le simple**	
doubles	**le double**	
tennis	**le tennis**	
racket	**la raquette**	
net	**le filet**	
soccer	**le football**	
goalkeeper	**la gardien de but**	
goal	**le but**	
goal post	**le poteau de but**	
goal line	**la ligne de but**	
basketball	**le basket-ball, le basket**	
track and field	**l'athlétisme sur piste et tout terrain**	
track (*on which one runs*)	**la piste**	
race	**la course**	
finish (*of a race*)	**l'arrivée** (*f.*)	
finishing tape	**la bande magnétique**	
football	**le football américain**	
baseball	**le base-ball**	
boxing	**la boxe**	
boxer	**le boxeur**	
heavyweight	**le poids lourd**	
ring, court (*indoors*)	**l'arène** (*f.*)	

13 Les Sports

Analyse de l'illustration

1. Quels sont les quatre sports que vous voyez sur le dessin?
2. Identifiez les balles et les filets qui sont visibles?
3. Le tennis: Pensez-vous que ceci soit une partie de simple ou de double?   Pourquoi?
4. Le football: Quel joueur est le gardien de but?
5. Les courses: Qui va gagner (ou qui a déjà gagné)?

Points de départ

6. Qu'est-ce que c'est qu'un athlète?
7. Combien de joueurs faut-il avoir pour faire une partie de basket-ball?
8. De combien de joueurs se compose une équipe de football?
9. Pour quel sport doit-on se servir d'un animal?
10. Quels sports se jouent sur un court et lesquels se jouent sur un terrain?
11. Expliquez ce que c'est qu'un stade?
12. Combien, à peu près, pensez-vous que coûte une bonne raquette de tennis ou un bon club de golf?
13. Dans quel but emploie-t-on une bande magnétique pendant les courses?
14. Nommez le champion de boxe poids lourd. Si vous ne pouvez pas le nommer, pourquoi pas?
15. Qu'est-ce que c'est qu'un match nul?
16. Quels sports sont parfois ou toujours pratiqués à l'intérieur d'une arène?
17. Quels sports pratiquez-vous ou lesquels aimez-vous regarder?
18. En quelques mots décrivez une partie que vous avez vue?
19. Pourquoi pouvez-vous ou ne pouvez-vous pas jouer au golf aujourd'hui?
20. «L'important n'est pas de gagner ou de perdre, mais la façon de jouer.»   Expliquez.

Sujets de discussion

1. Mon équipe.
2. Les sports à mon école ou à mon université.
3. Comment jouer au . . . (à la . . .)

---

golf   **le golf**
golf club   **le club de golf**
badminton   **le badminton**
volley ball   **le volley-ball**
swimming   **la nage, la natation**

horseback riding   **l'équitation** (f.)
wrestling   **la lutte**
fencing   **l'escrime** (f.)
skating   **le patinage**
skiing   **le ski**

hockey   **le hockey**
champion   **le champion, la championne**

inside, indoors   **à l'intérieur**

to have a picnic	**faire un pique-nique, pique-niquer**	
to park	**stationner, parquer, garer**	
to make a sandwich	**faire un sandwich**	
to spread (butter on bread)	**tartiner**	
to cut, slice	**couper en tranches**	
to uncork	**déboucher**	
to kneel	**être à genoux, se mettre à genoux**	
to appear to (+ *inf.*)	**avoir l'air de (+ *inf.*)**	
to discard	**écarter, mettre de côté**	
to forget	**oublier**	
to find	**trouver**	
to take part	**participer**	
to contain	**contenir;** (containing **contenant**)	
picnic	**le pique-nique**	
picnicker	**le pique-niqueur**	
car	**la voiture, l'auto** (*f.*)	
grass	**l'herbe** (*f.*)	
tree	**l'arbre** (*m.*)	
ant	**la fourmi**	
fly	**la mouche**	
mosquito	**le moustique**	
picnic basket	**le panier à pique-nique**	
food supplies	**les vivres** (*m. pl.*)	
loaf of bread	**le pain**	
piece (slice) of bread	**la tranche de pain**	
knife	**le couteau**	
sausage	**la saucisse** (*to be cooked*); **le saucisson** (*salami*)	
cheese	**le fromage**	
cheese sandwich	**le sandwich au fromage**	
wine	**le vin**	
bottle	**la bouteille**	
cork	**le bouchon**	
corkscrew	**le tire-bouchon**	
thermos jug	**la bouteille thermos, le thermos**	
beverage	**la boisson**	
soft drink	**la boisson non-alcoolisée**	
paper cup	**le gobelet en papier**	
paper plate	**l'assiette** (*f.*) **en papier**	
aspect	**l'aspect** (*m.*)	
place, spot	**l'endroit** (*m.*)	
pleasant	**agréable**	
unpleasant	**désagréable**	
shady	**à l'ombre** (*m.*), **ombragé**	
sunny	**ensoleillé, au soleil**	

14 Le Pique-nique

Analyse de l'illustration

1. Quels aspects du dessin vous font penser qu'il représente une scène européenne?
2. La voiture, où est-elle stationnée?
3. Que fait le jeune homme qui est à genoux?
4. Que fait la jeune fille?
5. Que fait le jeune homme avec le couteau?
6. Que pourrait-il y avoir d'autre dans le panier à pique-nique?
7. Décrivez l'endroit où les gens sont en train de pique-niquer.
8. De quoi les pique-niqueurs ont-ils l'air de parler?
9. Que tient chaque personne dans la main gauche?
10. Qu'est-ce que chaque personne a dans la main droite?
11. Voudriez-vous participer au pique-nique que vous voyez sur l'illustration?   Pourquoi ou pourquoi pas?

Points de départ

12. Quels sont les aspects agréables d'un pique-nique?
13. Quels sonts les aspects désagréables d'un pique-nique?
14. Préférez-vous un endroit au soleil ou à l'ombre pour faire un pique-nique, et pourquoi?
15. Comment faites-vous un sandwich au fromage?
16. Quel est l'avantage d'une bouteille thermos?
17. Quel est l'avantage des gobelets et des assiettes en papier?
18. Que feriez-vous à un pique-nique si vous aviez oublié le panier contenant les vivres et la boisson?
19. Que feriez-vous si vous trouviez des fourmis dans votre sandwich?
20. Quels sont les objects et les vivres typiques que l'on prendrait pour un pique-nique américain?

Sujets de discussion

1. Pourquoi j'aime (je n'aime pas) pique-niquer.
2. Comment préparez-vous un panier pour un pique-nique?
3. Un pique-nique que je n'oublierai jamais.

to swim	**nager**
to float	**flotter**
to sail	**faire de la voile**
to surf, go surfing	**faire de l'aquaplane**
to sunbathe	**prendre un bain de soleil**
to rub oneself *(with suntan lotion)*	**se frotter**
to get a tan	**se faire bronzer**
to dig	**creuser, fouiller**
to look at	**regarder**
to play	**jouer**
to warn	**avertir**
to avoid	**éviter**
to hand	**remettre, donner, offrir**
to hold	**tenir**
to try	**essayer**
to carry away	**emporter**
to die	**mourir**
to seem	**avoir l'air** *(m.)*
beach	**la plage**
ocean	**l'océan** *(m.)*
sand	**le sable**
shell	**le coquillage**
lighthouse	**le phare**
land	**la terre**
wave	**la vague**
surf	**le ressac, la lame**
surfboard	**l'aquaplane** *(f.)*
rubber raft	**le matelas pneumatique**
ship	**le bateau**
sailboat	**le bateau à voile**
salt water	**l'eau salée**
fresh water	**l'eau douce**
(beach) umbrella	**le parasol**
towel	**l'essuie-mains** *(m.)*, **la serviette**
bath towel	**la serviette de bain**
bath robe	**le peignoir**
blanket	**la couverture**
bathing suit	**le maillot de bain**
bikini	**le bikini**
cap	**la casquette**
hat	**le chapeau**
bonnet	**le bonnet**
pail	**le seau**
shovel	**la pelle**
thermos bottle	**la bouteille thermos, le thermos**
carry-all, tote bag	**le fourre-tout**
suntan lotion	**la lotion anti-solaire**
suntan creme	**la crème anti-solaire**
sunburn	**le coup de soleil**
sunstroke	**le coup de chaleur, l'insolation** *(f.)* *(medical term)*
sunglasses	**les lunettes** *(f. pl.)* **de soleil**
scarf	**le foulard**
cup	**le gobelet**
ball	**la balle**
binoculars	**les jumelles** *(f. pl.)*
transistor radio	**le transistor**
deck chair	**la chaise longue**
usefulness, use	**l'utilité** *(f.)*
tanned	**bronzé, hâlé**
at the same time	**en même temps**
while (doing)	**tout en (faisant)**

15 À la plage

Analyse de l'illustration

1. Il y a deux transistors sur l'illustration. Qui les a, et où sont-ils?
2. Que semble vouloir faire la petite fille qui porte un bonnet?
3. Qui est en bikini?
4. Que fait la dame assise sur la couverture?
5. Qu'est-ce que le monsieur avec les jumelles a l'air de regarder?
6. Qu'est-ce que le monsieur avec la casquette et la dame avec le foulard sont sans doute en train de se dire?
7. Qui a un matelas pneumatique et où a-t-il l'air de l'emporter?
8. Que font les jeunes gens qui sont à l'arrière plan à gauche?
9. Où voyez-vous un petit bateau à voile?
10. Qui porte des lunettes de soleil?
11. Que peut avoir la dame dans son fourre-tout?
12. Où sont les coquillages?
13. Où sont les thermos?
14. Le jeune homme avec le transistor, que peut-il être en train de dire à la jeune fille en bikini?

Points de départ

15. Quelle est l'utilité d'un phare?
16. Est-il plus facile de flotter dans l'eau salée ou dans l'eau douce? Pourquoi?
17. Quelle est la différence entre un chapeau et une casquette?
18. Quelles sont les différentes façons d'éviter un coup de soleil tout en prenant un bain de soleil?
19. Pourquoi est-il en général difficile de nager dans l'océan?
20. Pourquoi est-il facile ou difficile pour vous d'aller à la plage?

Sujets de discussion

1. Le bateau à voile et faire de la voile.
2. La plage n'est pas pour moi.
3. Les choses que l'on peut faire à la plage.

to cast *(a fishing line)* **lancer**	canoeist **le/la canoéiste**	fire **le feu**
to fish with rod and line **pêcher à la ligne**	fishing rod **la canne à pêche**	sleeping bag **le sac de couchage**
to shoot **fusiller, tuer**	(fishing) line **la ligne**	campsite **le terrain de camping**
to shoot (at) **tirer (sur)**	reel **le moulinet**	mountain **la montagne**
to aim *(a gun)* **viser**	(casting) fly **la mouche**	top **le haut, le sommet**
to hunt **chasser**	fish hook **l'hameçon** *(m.)*	knapsack **le havresac, le sac de montagne, le sac à dos**
to climb **escalader, grimper**	fish **le poisson**	hike **la longue marche**
to paddle **pagayer**	trout **truite**	garment **le vêtement**
to push *(a canoe)* **faire avancer**	gun **le fusil**	hat **le chapeau**
to fish **pêcher**	deer **le cerf**	skillet **la poêle**
to catch *(a fish)* **attraper**	game bag **la carnassière, la gibecière**	forest, woods **la forêt**
to go camping **faire du camping**	canoe paddle **la pagaie**	season **la saison**
to suspect **soupçonner**	lake **le lac**	winter **l'hiver** *(m.)*
to sing **chanter**	stream **le fleuve, la rivière**	summer **l'été** *(m.)*
to take along **emporter**	sea **la mer**	spring **le printemps**
	bank, shore, edge **le bord**	fall **l'automne** *(m.)*
outdoor life **la vie en plein air**	bow *(of a boat)* **la proue, l'avant** *(m.)*	
fisherman **le pêcheur**	stern *(of a boat)* **la poupe, l'arrière** *(m.)*	red **rouge**
hunter **le chasseur**	tent **la tente**	useful **utile**
camper **le campeur, la campeuse**	camp **le camp**	knee-deep **jusqu'aux genoux**
hiker **le marcheur, la marcheuse**	campfire **le feu de camp**	inside **à l'interieur (de)**
canoe **le canoë**	bonfire **le feu de joie**	most of **la plupart de**

16 La Vie en plein air

Analyse de l'illustration

1. Qui est en train d'escalader la montagne?
2. Qui est à l'avant et qui est à l'arrière du canoë?
3. Sur le dessin avec la tente, que fait le campeur?
4. Pourquoi est-ce qu'une poêle serait utile au pêcheur?
5. Pourquoi est-ce que le campeur avec la tente pourrait aussi être pêcheur?
6. Que peut-il y avoir à l'intérieur de la tente?
7. Comment savons-nous que le chasseur n'est pas en train de viser un cerf?
8. Qu'est ce que le pêcheur a sur son chapeau?
9. Pourquoi est-ce que nous soupçonnons que le pêcheur est en train de pêcher la truite?
10. Quelle sorte de chansons les campeuses chantent-elles devant le feu?
11. Si le pêcheur se parle à lui-même, que pensez-vous qu'il se dise?
12. Pourquoi est-ce que la plupart des chasseurs préfèrent mettre des vêtements rouges?
13. Où préférez-vous pêcher: au bord de la rivière, sur le lac ou en mer?   Pourquoi?

Points de départ

14. Qu'emporteriez-vous dans votre havresac pour une marche d'une journée?
15. Laquelle des six scènes préférez-vous, et pourquoi?
16. Qu'est-ce qui vous serait le plus utile, un canoë ou un fusil?   Pourquoi?   Si ni l'un ni l'autre ne vous paraît utile, pourquoi?
17. Pourquoi grimpe-t-on une montagne?
18. Avec quoi fait-on avancer un canoë?   Avec quoi pêche-t-on à la ligne?   Avec quoi chasse-t-on?
19. Quelle est la meilleure saison pour le camping, et pourquoi?
20. Quelles sont les quatre saisons, et quel est le sport de plein air le plus typique de chaque saison?

Sujets de discussion

1. Comment choisir un terrain de camping.
2. Mes journées de camping.
3. Ce que j'ai vu du haut de la montagne.

to swim **nager**	diving board **le plongeoir**	beach **la plage**
to dive **plonger**	shallow end **la partie peu profonde, le petit bain**	deck chair **la chaise longue**
to drown **se noyer**		cabana **la cabine**
to play **jouer**	deep end **la partie profonde, le grand bain**	sunglasses **les lunettes de soleil**
to watch, keep watch **surveiller, prendre garde**		whistle **le sifflet**
	ladder **l'échelle** (*f.*)	wheel **la roue**
to change one's clothes **changer de vêtements** (*m. pl.*)	swimmer **le nageur**	hat **le chapeau**
	stroke (*in swimming*) **le style de nage**	sandal **la sandale**
to be about to **se préparer à, être sur le point de**	lifeguard **le maître nageur**	conversation **la conversation**
	breaststroke **la brasse sur le ventre**	side **le côté**
to be in the process of **être en train de**	American crawl **le crawl américain**	duties **les responsabilités** (*f. pl.*)
to overhear **entendre pas hasard**	backstroke **la brasse sur le dos**	
	bathing suit **le maillot de bain, le costume de bain**	by chance **par hasard**
swimming pool **la piscine**		on which side **de quel côté**

17 À la piscine

Analyse de l'illustration

1. Où sont les cabines?
2. Comment savez-vous que quelqu'un se prépare à plonger?
3. Quel style de nage est le plus rapide — la brasse sur le ventre, la brasse sur le dos, ou le crawl américain?   Quel style emploie le nageur dans la piscine?
4. Qu'est-ce que l'enfant a l'air de vouloir?   Et qu'est-ce que son père est probablement en train de lui dire?
5. De quoi parlent la dame qui porte les lunettes de soleil et le monsieur sur la chaise longue?
6. Qui boit un Coca Cola?
7. Décrivez le mieux possible la chaise longue.
8. Que fait le maître nageur?
9. Que porte le maître nageur?
10. De quel côté de la piscine se trouvent la plupart des gens sur le dessin?
11. Pourquoi est-ce que l'échelle dans la piscine a été mise là où elle est?
12. Où se trouve l'autre échelle?
13. Dans quelle partie de la piscine les deux enfants jouent-ils?
14. À qui sont probablement les sandales?
15. Pourquoi n'y a-t-il pas de jeunes enfants dans la partie profonde de la piscine?

Points de départ

16. Que fait-on dans une cabine?
17. Préférez-vous la piscine ou la plage?   Pourquoi?
18. Quelles sont les responsabilités d'un maître nageur?
19. Pourquoi est-ce qu'il y a toujours une partie peu profonde et une partie profonde dans une piscine?
20. Savez-vous nager?   Si non, pourquoi pas?   Si oui, à quel âge avez-vous commencé à apprendre à nager?

Sujets de discussion

1. Les piscines ne sont pas faites pour nager.
2. Les maîtres nageurs que j'ai connus.
3. Conversations entendues par hasard à la piscine.

to have (bear, wear) **porter**	shirt **la chemise**	cuff link **le bouton de manchette**
to display **exposer, étaler**	sport shirt **la chemise sport**	tie pin **l'épingle** (f.) **de cravate**
to consist of **consister de**	long sleeves **les manches longues**	pullover (sweater) **le pull-over, le chandail**
to have in common **avoir en commun**	short sleeves **les manches courtes**	jeans **les jeans**
to mark, state (price) **marquer**	pocket **la poche**	shoelace **le lacet**
	hip pocket **la poche-revolver**	collar **le col**
men's shop **le magasin pour hommes**	side pocket **la poche de côté**	size **la dimension, la taille, la pointure** (for shoes, gloves, hats)
display window **l'étalage** (m.), **la devanture, la vitrine**	inside pocket (jacket) **la poche intérieure**	button **le bouton**
on display (in the window) **à l'étalage, en vitrine, à la devanture**	breast pocket (jacket) **la poche de poitrine**	monogram **le monogramme**
clothing (in general), apparel **les vêtements, l'habillement** (m.)	handkerchief **le mouchoir**	leather **le cuir**
article of clothing **l'article** (m.) **de vêtement**	underwear **les sous-vêtements**	dummy **le mannequin, la forme**
attire, garb **l'accoutrement** (m.)	undershorts **le caleçon, le slip**	coat of arms **le blason**
suit (man's) **le complet, l'habit** (m.), **le costume**	undershirt **le maillot de corps**	monk **le moine**
pants (trousers) **le pantalon**	sock **la chaussette**	price tag, label **l'étiquette** (f.)
suit jacket **le veston**	pair **la paire**	
tie **la cravate**	belt **la ceinture**	single-breasted **droit**
bow tie **le nœud papillon**	buckle **la boucle**	double-breasted **croisé**
	shoe **la chaussure**	for sale **en vente, à vendre**
	wallet **le portefeuille**	on sale (special) **en solde**
	cuff **la manchette**	

18 Le Magasin pour hommes

Analyse de l'illustration

1. Décrivez les vêtements du mannequin.
2. Décrivez les vêtements des trois autres formes.
3. Décrivez les articles qui ne sont ni sur le mannequin ni sur les formes.
4. Quel article exposé à la devanture est probablement le moins cher?
5. Où est le monogramme sur la chemise sport?
6. Quelque chose que la plupart des hommes portent tous les jours n'est pas en vitrine. Qu'est-ce que c'est?
7. Décrivez l'accoutrement du jeune homme devant la vitrine.
8. Pensez-vous que le blason soit à vendre?
9. Quels sont les vêtements à l'étalage que la plupart des hommes ne portent pas tous les jours?
10. Quelle est la différence entre les chaussures sur le mannequin et les autres chaussures en vitrine?

Points de départ

11. Expliquez la différence entre un veston droit et un veston croisé.
12. Qu'est-ce qu'une étiquette?
13. En quoi un complet consiste-t-il?
14. Quels sont les sous-vêtements d'un homme?
15. Qu'est-ce qu'ont en commun une ceinture, un portefeuille et une paire de chaussures?
16. Quels sont les vêtements d'hommes qui peuvent avoir des boutons?
17. En général, combien de poches y a-t-il dans un pantalon?
18. Si un américain porte un complet, où met-il son portefeuille, en général? Où le met un européen?
19. Pour pouvoir porter des boutons de manchettes et une épingle de cravate, quel genre de chemise et quels vêtements un homme doit-il porter?
20. En général, quelles sont les deux dimensions qu'un homme doit connaître pour s'acheter des chemises?

Sujets de discussion

1. Ce que je porte et ce que je ne porte pas, et pourquoi.
2. Comment arranger un étalage dans un magasin pour hommes.
3. «L'habit fait le moine.»

to shop faire des achats, faire des courses	department store le grand magasin	hose, stocking le bas
to sell vendre	counter le comptoir	panty hose le collant
to spend *(money)* dépenser	drawer le tiroir	scarf l'écharpe *(f.)*
to pay cash payer comptant	cash register la caisse	jewelry la bijouterie
to charge mettre sur un compte	mirror le miroir	costume jewelry les bijoux fantaisie *(m. pl.)*
to ring up a sale *(on the cash register)* enregistrer une vente	aisle le couloir, l'allée *(f.)*	necklace le collier
	department le rayon	earring la boucle d'oreille *(f.)*
to look for chercher	salesman le vendeur	bracelet le bracelet
to try on essayer	saleswoman la vendeuse	brooch la broche
to fit, suit (someone) aller (à quelqu'un)	customer, shopper le client, la cliente	leather goods la maroquinerie
	sale *(transaction)* la vente	purse le sac à main
to open a charge account ouvrir un compte	sale *(bargain)* le solde	flower la fleur
to hold *(grasp)* tenir	article of clothing, garment le vêtement	
to care about tenir à	size la grandeur, la dimension, la taille, la pointure	authentic authentique
to be right avoir raison		artificial artificiel
to happen, take place se passer, arriver	hat le chapeau	on display à l'étalage, exposé
	glove le gant	open ouvert
to argue argumenter, raisonner	sweater le chandail, le sweater	for sale à vendre, en vente
	blouse le corsage, la blouse	special (on sale) en solde
	fur coat le manteau de fourrure	wash-and-wear infroissable

19 Le Grand magasin

Analyse de l'illustration

1. Que fait la cliente devant le rayon des fleurs artificielles?
2. Qu'est-ce que la vendeuse cherche dans le tiroir ouvert?
3. Que fait la dame devant le miroir?
4. Quels sont les articles exposés sur le comptoir du rayon de bijouterie et au premier plan?
5. Pourquoi est-ce qu'il n'y a pas de vendeur, mais seulement des vendeuses?
6. Que se passe-t-il au rayon des gants?
7. Est-ce un sweater ou un corsage que la cliente au fond du magasin tient devant elle, et pourquoi de cette façon?
8. Dans le rayon de la maroquinerie, qu'ont l'air de se dire le client et la vendeuse?
9. Comment savez-vous que le sac à main près du miroir n'est pas à vendre?
10. Où est la caisse et que s'y passe-t-il?
11. Quel article sur ce dessin serait le plus difficile à acheter si la cliente ne connaissait pas sa taille? Pourquoi?
12. D'après ce que l'on voit, quelle vendeuse porte ce qu'elle vend?   Comment le savez-vous?

Points de départ

13. Quel est l'avantage de mettre ce que vous achetez sur votre compte?
14. Quel est l'avantage de payer comptant?
15. Quelle est la différence entre un article «en vente» et un article «en solde»?
16. Qu'est-ce qu'un grand magasin?
17. «Le client a toujours raison.»   Expliquez.
18. Pourquoi est-ce que les grands magasins demandent à leurs clients d'ouvrir des comptes?
19. Pourquoi aimeriez-vous ou n'aimeriez-vous pas être vendeur ou vendeuse dans un grand magasin?
20. La plupart des femmes aiment faire leurs achats dans un grand magasin: la plupart des hommes n'y tiennent pas.   Croyez-vous que cela soit vrai?   Pourquoi (pas)?

Sujets de discussion

1. Comment acheter un sac à main.
2. Pourquoi j'aime (je n'aime pas) les vêtements infroissables.
3. Comment je dépenserais $5000 dans un grand magasin.

to go grocery shopping **faire ses provisions, faire les commissions**	purse **le porte-monnaie**	leaf **la feuille**
to shop (*in general*) **faire des courses, faire des achats**	counter **le comptoir**	meat **la viande**
to wait in line **faire la queue**	purchase **l'achat** (*m.*)	package **le paquet**
to contain **contenir**	cash register **la caisse**	cheese **le fromage**
to weigh **peser**	paper bag **le sac en papier**	egg **l'œuf** (*m.*)
to pick up (*from floor*) **ramasser**	scale **la balance**	fish **le poisson**
to add (up) the bill **faire le compte**	groceries **l'alimentation** (*f.*), **l'épicerie** (*f.*)	beef **le bœuf**
to spill **renverser**	fruit **le fruit**	veal **le veau**
to slice **couper en tranches**	vegetable **le légume**	lamb **l'agneau** (*m.*)
to peel **éplucher**	apple **la pomme**	chop **la côtelette**
to suggest **suggérer**	banana **la banane**	chicken **le poulet**
to drop **laisser tomber**	peach **la pêche**	green peas **les petits pois** (*m. pl.*)
to pack, put in a bag **mettre dans un sac**	pear **la poire**	rice **le riz**
to indicate, state (*price*) **marquer**	orange **l'orange** (*f.*)	flour **la farine**
to melt **fondre**	grapefruit **le pamplemousse**	piece **le morceau**
	tomato **la tomate**	butchery **la boucherie**
supermarket **le supermarché**	product **le produit**	milk **le lait**
shopper **le client, la cliente**	carrot **la carotte**	kilo (*2.2 lb.*) **le kilo**
shopping cart **le panier roulant**	celery **le céleri**	pound (*.45 kilo*) **la livre**
clerk (*store*) **le vendeur, le commis, la vendeuse**	lettuce **la laitue**	liter (*1.06 quarts*) **le litre**
checker **la caissière, le caissier**	spinach **les épinards** (*m. pl.*)	gram (*0.035 ounce*) **le gramme**
	cabbage **le chou**	carton **le carton**
	cauliflower **le chou-fleur**	can **la boîte de conserve**; in cans **en boîte**

20 Le Supermarché

Analyse de l'illustration

1. Qu'est-ce que l'enfant a l'air d'avoir fait?
2. Quels achats la cliente a-t-elle déjà faits?   Comment le savez-vous?
3. Qui est l'homme avec le tablier et que fait-il?
4. Pourquoi le vendeur a-t-il un crayon derrière l'oreille?   Que va-t-il faire avec ce crayon?
5. Que voyez-vous à l'arrière-plan à droite?

Points de départ

6. Est-ce que vous aimez faire vos courses au supermarché?   Pourquoi ou pourquoi pas?
7. Qui achète l'alimentation dans votre famille et pouquoi?
8. Quels sont les produits les plus chers et les moins chers au supermarché?
9. Quels produits peut-on acheter pour $20?
10. Décrivez un fruit.
11. Décrivez un légume.
12. Qu'est-ce qui contient plus de lait: un gallon ou quatre litres?   Expliquez votre réponse.
13. Combien de livres y a-t-il dans cinq kilos?
14. Quels fruits coupons-nous en tranches, en général?   Quels fruits épluchons-nous?   Ni l'un ni l'autre?   Où l'un ou l'autre?
15. Quelle est la ressemblance entre la laitue et le chou?
16. Si vous achetez un morceau de bœuf, un poisson ou un poulet, lequel sera le moins cher la livre et lequel sera le plus cher?
17. Nommez quelques produits qui se vendent en boîtes de conserve.
18. Quand met-on tous vos achats dans un sac au supermarché?
19. Où, quand et pourquoi doit-on faire la queue au supermarché?
20. Expliquez le terme «végétarien».

Sujets de discussion

1. Le supermarché américiain.
2. Comment on choisit les provisions pour la famille au supermarché.
3. Une comparaison entre les produits en boîte et les produits surgelés: avantages et désavantages.

---

bag, sack **le sac**	special (sale) **le solde**	according to **d'après**
apron **le tablier**	week **la semaine**	as many **autant**
pencil **le crayon**	vegetarian **le végétarien, la végéta-**	frozen **surgelé** (*of foods*)
ear **l'oreille** (*f.*)	**rienne**	dear, expensive **cher, chère**
weight **le poids**		per pound **la livre**
price **le prix**	to be on sale **être en solde**	

to fill (*an order*) **exécuter**	drug **la drogue**	nail-polish remover **le dissolvant de vernis à ongles**
to prescribe **faire une ordonnance, prescrire**	medicine **le médicament**	shampoo **le shampooing**
to make up, prepare **préparer**	pill **la pillule**	sunglasses **les lunettes de soleil**
to wait on (a customer) **s'occuper d'(un client, une cliente), servir**	aspirin **l'aspirine** (*f.*)	stick of chewing gum **le morceau de «chewing gum»**
to display **montrer, exposer, étaler**	doctor, physician **le docteur, le médecin** (*no f.:* **elle est docteur**)	pack (package) **le paquet**
to chew **mâcher**	contents **le contenu**	cigarette **la cigarette**
to smoke **fumer**	dose, dosage **la dose**	cigar **le cigare**
to be visible **être en vue**	bottle **la bouteille, le flacon**	carton (*of cigarettes*) **la cartouche**
to stay open **rester ouvert**	jar **le bocal, le pot**	magazine **le magazine, la revue**
to find out **apprendre**	box **la boîte**	greeting card **la carte de vœux**
to contain **contenir**	bar of soap **la savonnette**	place **l'endroit** (*m.*)
	tube of toothpaste **un tube de dentifrice** (*m.*)	wall **le mur**
drugstore **la pharmacie**	mouthwash **l'eau dentifrice**	year **l'année** (*f.*), **l'an** (*m.*)
drugstore "on duty" **la pharmacie de service**	cosmetics **les produits** (*m.*) **de beauté** (*f.*)	shelf **l'étalage** (*m.*), **le rayon**
soda fountain **la buvette**	perfume **le parfum**	price tag, label **l'étiquette** (*f.*)
license **la licence, le permis**	cologne **l'eau de Cologne** (*f.*)	
druggist, pharmacist **le pharmacien, la pharmacienne**	bath powder **le talc**	on display **à l'étalage**
prescription **la prescription, l'ordonnance** (*f.*)	nail polish **le vernis à ongles**	for sale **en vente**
		alternately, by turns **à tour de rôle, par roulement**

21 La Pharmacie

Analyse de l'illustration

1. Nommez quelques-uns des objets à l'étalage.
2. Que contient probablement la bouteille que la dame a dans sa main?
3. La dame a l'air de lire l'étiquette. Qu'apprendra-t-elle?
4. Qu'est-ce que le pharmacien a l'air de faire?
5. Quels sont, sans doute, les flacons de vernis à ongles?
6. Pourquoi est-ce que les drogues et les médicaments à l'arrière-plan ne sont pas au même étalage que les produits de beauté?
7. Quels sont les articles en vente dans une pharmacie américaine typique que vous ne voyez pas sur cette illustration?
8. Qu'est-ce qui est en pleine vue sur le mur, près des médicaments?
9. Pour qui croyez-vous que le pharmacien prépare l'ordonnance, et qu'est-ce qui vous fait penser cela?

Points de départ

10. Quand un docteur fait une ordonnance, à qui la donne-t-on pour la faire exécuter?
11. Combien de cigarettes y a-t-il dans un paquet, et combien de paquets dans une cartouche?
12. Combien de morceaux de «chewing-gum» y a-t-il dans un paquet, et combien de paquets mâchez-vous en un an?
13. En Europe et en quelques endroits des États-Unis les pharmacies restent ouvertes toute la nuit, à tour de rôle. Pour quelle raison?
14. Qu'est-ce qui coûte le moins cher: mâcher du «chewing-gum» ou fumer une cigarette?
15. Les pillules sont mises en boîtes ou en bouteilles. Dans quoi mettons-nous le dentifrice?
16. Quelle est la différence entre une cigarette et un cigare?
17. Nommez une pillule pour laquelle il n'est pas nécessaire d'avoir l'ordonnance d'un médecin.
18. Que peut-on utiliser au lieu de shampooing?
19. De toutes les choses qu'on achète dans une pharmacie américaine, quels sont les articles qu'un homme achèterait pour lui-même et ceux qu'il achèterait pour une femme (ou qu'une femme achèterait pour elle-même et ceux qu'elle achèterait pour un homme)?
20. Que vous dit l'étiquette sur la boîte ou la bouteille d'une ordonnance?

Sujets de discussion

1. Les différences entre une pharmacie américaine et une pharmacie européenne.
2. Les produits de beauté féminins.
3. Comment choisir une carte de vœux.

to bark **aboyer**	animal **l'animal** (m.), **la bête**	air **l'air** (m.)
to meow **miauler**	Siamese cat **le chat siamois**	water **l'eau** (f.)
to sing **chanter**	kitten **le chaton**	paw, foot (of an animal) **la patte**
to chirp **gazouiller**	dog **le chien**	claw **la griffe**
to grow (up) **devenir adulte, grandir, arriver à maturité**	puppy **le chiot**	ear **l'oreille** (f.)
	rabbit **le lapin**	head **la tête**
to sleep **dormir**	bird **l'oiseau** (m.)	tree **l'arbre** (m.)
to climb **grimper**	canary **le canari**	nuisance **l'ennui** (m.), **l'embêtement** (m.)
to fight **lutter, se battre**	fish **le poisson**	wife **la femme, l'épouse** (f.)
to escape **s'échapper**	cage **la cage**	saleswoman **la vendeuse**
to catch **attraper, saisir**	tank (for fish) **l'aquarium** (m.)	
to eat **manger**	container **la boîte**	elderly, old **âgé, vieux (vieil, vieille)**
to become **devenir**	net **le filet**	free (at liberty) **libre**
to be elderly, be a senior citizen **être dans le troisième âge**	element **l'élément** (m.)	fit for, suited for **propre à**
	thermometer **le thermomètre**	worse, the worst **pire**
	temperature **la température**	favorite **favori, favorite**
pet shop **le magasin d'animaux**	ground, earth **le sol, la terre**	

22 Le Magasin d'animaux

Analyse de l'illustration

1. Qu'est-ce qui vous fait croire que le vieux monsieur veut acheter un poisson?
2. Pensez-vous que la dame soit la femme du monsieur ou une des vendeuses?
3. Il serait préférable de dire que les gens sur le dessin sont dans le troisième âge et non pas vieux. Expliquez la différence entre les deux expressions.
4. Le thermomètre, où se trouve-t-il?   Pourquoi?
5. Pourquoi y a-t-il une boîte et un filet à coté de l'aquarium?
6. Où voyez-vous un chat siamois?
7. Dans quelle cage est le lapin?
8. L'air, la terre, l'eau — lequel de ces éléments est propre à chacun des animaux dans le magasin?
9. Si vous vouliez acheter un de ces animaux, lequel serait sans doute le plus cher et lequel serait le moins cher?
10. Que fait chacun des chiens?
11. Lequel des animaux sera le plus grand quand il sera devenu adulte?
12. Si tous les animaux étaient libres dans le magasin, lesquels mangeraient les autres?
13. Comment savons-nous que la cage aux oiseaux est devant la dame et non pas derrière elle?

Points de départ

14. Quelle est la différence entre un chiot et un chien?
15. Les chiens aboient.   Que font les chats et les canaris?
16. Pourquoi est-ce que les chiens ne peuvent pas grimper aux arbres?
17. Quel genre d'animal préférez-vous et pourquoi?
18. Donnez le nom de tous les animaux à quatre pattes que vous connaissez.
19. Qu'est-ce qu'un aquarium?
20. Qu'est-ce que Ogden Nash voulait dire quand il a écrit: «Le seul ennui avec un chaton est qu'il grandit pour devenir un chat»?

Sujets de discussion

1. Mon animal favori chez moi.
2. Pourquoi j'aime (je n'aime pas) les chats.
3. Ce que les animaux se diraient entre eux s'ils pouvaient parler.

to drive, steer **conduire**	engine **le moteur**	radio **la radio**
to park **stationner, parquer**	interior **l'intérieur** (m.)	button, knob **le bouton**
to blow a horn **klaxonner**	front seat **le siège avant**	lever **la manette**
to sit down **s'asseoir**	rear seat **le siège arrière**	heater **l'appareil** (m.) **de chauffage**
to be seated **être assis**	seat belt **la ceinture de sûreté**	air conditioning **la climatisation**
to put into (first gear) **mettre en (première vitesse)**	steering wheel **le volant**	speed **la vitesse**
to work (*function*) **fonctionner, aller**	horn **le klaxon, l'avertisseur** (m.)	speedometer **l'indicateur** (m.) **de vitesse**
to rain **pleuvoir**	hood **le capot**	odometer, mileage gauge **le compteur (de vitesse), l'odomètre** (m.)
to snow **neiger**	windshield **le pare-brise**	gear (first, second, etc.) **la vitesse**
to pay attention (to) **faire attention (à)**	windshield wiper **l'essuie-glace** (m.)	clutch pedal **la pédale d'embrayage** (m.)
automobile **l'automobile** (*now usually f.*), **la voiture**	model **le modèle;** new model **un modèle récent**	accelerator **l'accélérateur** (m.)
used car **l'auto** (f.) **d'occasion**	part **la partie**	brake pedal **la pédale de frein**
driver **le chauffeur**	glove compartment **le compartiment à gants**	foot brake **le frein à pied**
	dashboard **le tableau de bord**	emergency brake **le frein à main**
	clock **la pendule**	

23 L'Automobile

Analyse de l'illustration

1. Comment savez-vous que cette voiture n'a pas de glaces automatiques?
2. Comment savons-nous que cette auto n'est pas un modèle pour le marché anglais?
3. Qu'est-ce qu'il y a entre les pare-soleil?
4. Que voit-on sur le tableau de bord?
5. Quelle sorte de transmission a cette voiture? Expliquez votre réponse.
6. Quelle pédale est à la droite du frein à pied?
7. À quoi sert la pédale à la gauche du frein à pied?
8. Où voit-on la ceinture de sûreté?
9. Comment savez-vous que cette auto a un siège arrière?
10. Qu'est-ce qu'il y a sur la portière droite que l'on ne peut pas voir sur la portière gauche?
11. Où devons-nous être assis de façon à voir le dessin tel qu'il est?
12. Où est le moteur?
13. À quoi servent les essuie-glaces?

Points de départ

14. Quelle est la différence entre un compteur de vitesse et un indicateur de vitesse?
15. Quand a-t-on besoin du frein à main?
16. Si vous conduisez à 100 km à l'heure, quelle est votre vitesse en miles à l'heure?
17. Si vous avez fait 800 miles en voiture, combien de kilomètres avez-vous fait?
18. Pour quelle raison un bon chauffeur se sert-il du rétroviseur et du miroir?
19. Quels objets pourriez-vous avoir dans le compartiment à gants?
20. Décrivez votre auto (ou l'auto que vous aimeriez avoir).

Sujets de discussion

1. Description de l'intérieur d'une voiture.
2. Comment choisir une automobile.
3. Un bon chauffeur doit faire attention à pas mal de choses.

---

power brakes **les freins puissants**
bucket seat **le siège baquet**
light **la lumière**
door **la portière**
handle **la poignée**
window (*of a vehicle*) **la glace**
electric windows **les glaces automatiques**
(side) mirror **le miroir**
rear-view mirror **le rétroviseur**

sun visor **le pare-soleil**
armrest **l'accoudoir** (*m.*)
ash tray **le cendrier**
automatic transmission **la transmission automatique, le changement de vitesse automatique**
standard (stick) transmission **la transmission régulière, le changement de vitesse**
miles per hour **miles** (*m.*) **à l'heure**

kilometers per hour **kilomètres** (*m.*) **à l'heure**
second **la seconde**
market **le marché**

through **à travers**
in order to **de façon à**
as **tel que**
a great deal of, a lot of **pas mal de**
English **anglais**

to fill	**remplir**
to get *(water, gas)*	**prendre**
to lubricate, grease	**graisser**
to change oil	**changer l'huile**
to turn on *(headlights)*	**allumer**
to run *(of an engine)*	**être en marche, marcher, tourner**
to charge *(battery)*	**charger**
to discharge *(battery)*	**décharger**
to save (on)	**faire des économies (de)**
to drive	**conduire; aller en voiture**
to own	**avoir, posséder**
to damage, do harm to	**abîmer, endommager, nuire à**
to take a trip	**faire un voyage**
to use up, consume	**consommer**
"to kill two birds with one stone"	«**faire d'une pierre deux coups**»
service station	**la station-service**
gas station	**le poste d'essence**
automobile, car	**la voiture, l'automobile** *(f.)*
convertible	**la décapotable**
sedan	**la conduite intérieure, la voiture à quatre portes**
coupe	**la voiture de sport, la voiture à deux portes**
station wagon	**le break**
motorist, driver	**l'automobiliste** *(m., f.)*; **le conducteur, la conductrice**
tire	**le pneu**
white-wall tire	**le pneu à flancs blancs**
wheel	**la roue**
trunk	**le coffre arrière, la malle arrière**
headlight	**le phare**
tail light	**le feu arrière**
parking light	**le feu de position**
bumper	**le pare-chocs**
tank	**le réservoir**
rack	**l'élévateur hydraulique** *(m.)*
licence plate	**la plaque d'immatriculation** *(f.)*
driver's license	**le permis de conduire**
battery	**la batterie**
radiator	**le radiateur**
crankcase	**la boîte à huile, le carter**
seat	**le siège**
service	**le service**
attendant	**l'employé** *(m.)*, **l'employée** *(f.)*
mechanic	**le mécanicien**
gas pump	**la pompe à essence**
self-service	**l'autoservice** *(m.)*
hose	**le tuyau**
water	**l'eau** *(f.)*
air	**l'air** *(m.)*
gas(oline)	**l'essence** *(f.)*
gallon	**le gallon (3.7 litres)**
liter	**le litre (0.26 gallons)**
oil	**l'huile** *(f.)*
grease gun	**la pompe à graisse**
expense(s)	**les frais** *(m. pl.)*
map	**la carte**
foreign	**étranger, étrangère**
elsewhere	**autre part, ailleurs**

24 Le Poste d'essence

Analyse de l'illustration

1. Qu'est-ce que l'homme au second plan a dans la main, et qu'est-il en train de faire?
2. Qu'est-ce qui nous fait penser que l'automobiliste se prépare à faire un voyage?
3. Que fait l'employé au premier plan du dessin?
4. Quelles parties de la voiture pouvez-vous voir?   Et quel genre de pneus a-t-elle?
5. En quoi diffèrent les deux tuyaux sur le dessin?
6. Quelle est la différence entre la voiture sur l'élévateur hydraulique et celle qui est devant la pompe?
7. Pourquoi est-ce que le mécanicien est en train de «faire d'une pierre deux coups»?
8. Qu'est-ce qui vous fait penser que la voiture sur le dessin est une voiture étrangère?

Points de départ

9. A quoi sert la plaque d'immatriculation?   Pourquoi a-t-on besoin d'un permis de conduire?
10. Quand faites-vous mettre de l'eau dans votre radiateur?   Et où le mécanicien la met-il?
11. Si l'essence coûte 2,00 dollar le gallon, combien dépenserez-vous pour remplir un réservoir de 15 gallons?
12. Si vous remplissez votre réservoir avec soixante litres d'essence, combien de gallons avez-vous achetés?
13. Après combien de miles changez-vous, en général, l'huile dans la boîte à l'huile?
14. Quels services pouvez-vous obtenir dans une station-service?
15. Expliquez le terme «autoservice»!
16. Pourquoi ne doit-on pas allumer les phares si le moteur n'est pas en marche?
17. Pourquoi est-il difficile de graisser une voiture autre part que dans une station-service ou un garage?
18. Si vous avez une voiture, décrivez-la.   Si vous n'avez pas de voiture, pourquoi pas?
19. A dix-huit miles au gallon, combien de miles pouvez-vous faire avec vingt gallons d'essence dans votre réservoir?
20. Pourquoi la plupart des garages ont-ils plusieurs pompes à essence?

Sujets de discussion

1. Les frais d'une voiture.
2. Le travail d'un employé de station-service.
3. Comment faire des économies d'essence.

to take off	décoller
to land	atterrir
to fasten the seat belt	boucler la ceinture de sûreté
to smoke	fumer
to wave	faire signe (de la main)
to check baggage	(faire) enregistrer les bagages
to pick up baggage	réclamer les bagages, aller chercher les bagages
to declare, pay duty on	déclarer à la douane
to undergo inspection	passer l'inspection de
to lose	perdre
to be about to	se préparer à
to have just (+ *past part.*)	venir de (+ *inf.*)
to show	présenter, montrer
to paint	peindre
to make a reservation	louer une place, faire une réservation
to board (a plane)	aller à bord, s'embarquer
to go by plane	aller en avion
airport	l'aéroport (*m.*)
airline	la compagnie (ligne) aérienne
airplane	l'avion (*m.*)
jet	l'avion à réaction
pilot	le pilote
flight attendant, stewardess	l'hôtesse (*f.*) de l'air (*m.*)
flight attendant, steward	le steward
passenger	le passager, la passagère
tourist	le/la touriste
flight	le vol
take off	le décollage
landing	l'atterrissage (*m.*)
runway	le terrain d'atterrissage
engine	le moteur
propeller	l'hélice (*f.*)
cockpit	la carlingue, le poste de pilotage
wing	l'aile (*f.*)
tail	l'empennage (*m.*)
function	la fonction
seat	le siège
first class	la première classe
economy class	la classe touriste
front seat	le siège avant
waiting list	la liste d'attente
shop, store	le magasin
article, goods	la marchandise
service, duty	le service
ticket	le billet, le ticket
ticket office	le guichet
travel agency	l'agence (*f.*) de voyages
(travel) route	l'itinéraire (*m.*)
reservation	la location, la réservation
gate	la porte d'entrée, la porte de sortie
observation platform	la terrasse d'observation (*f.*)
control tower	la tour de contrôle
waiting room	la salle d'attente
customs	le bureau de douane (*f.*)
immigration	l'immigration (*f.*)
documents	les papiers (*m. pl.*)
passport	le passeport

25 L' Aéroport

Analyse de l'illustration

1. Pourquoi est-ce que l'avion à l'arrière-plan n'a pas d'hélices?
2. Puisqu'un drapeau américain est peint sur l'empennage de l'avion, quel genre de vol pensez-vous que ce soit?
3. Les pilotes des deux avions, où pourraient-ils être?
4. Où voyez-vous l'hôtesse de l'air?
5. Comment savez-vous que l'avion au premier plan du dessin se prépare à partir?
6. Quel passager pourrait avoir des ennuis pendant le vol?   Pourquoi?
7. Qui n'a pas fait enregistrer sa petit valise?
8. Où est-ce que l'homme doit mettre la petite valise?
9. Qu'est-ce que l'homme au premier plan à gauche a dans la main?
10. Où se trouve la salle d'attente?

Points de départ

11. Expliquez ce que c'est qu'une liste d'attente.
12. D'où peut-on faire signe de la main à un passager?
13. En tant que passager ou passagère dans un avion, que devez-vous faire et que ne devez-vous pas faire au moment du décollage et de l'atterrissage?
14. Quelles sont les différences entre la première classe et la classe touriste?
15. Où va-t-on chercher les bagages et où doit-on passer l'inspection des bagages?
16. Après un vol New York-Paris, où devez-vous présenter vos papiers aussitôt que vous avez réclamé vos bagages?
17. Qu'est-ce qu'un touriste?
18. Décrivez les services d'une agence de voyages.
19. Pourquoi n'y a-t-il pas de bureaux de douane dans un aéroport où il n'y a que des vols domestiques?
20. Qu'est-ce que c'est que des marchandises en franchise?   Où peut-on les acheter?

Sujets de discussion

1. Description d'un avion (ou d'un aéroport).
2. Quand la ligne aérienne a perdu mes valises.
3. Les responsabilités d'une hôtesse de l'air.

---

baggage inspection	l'inspection (f.) des bagages (m. pl.)	
baggage-claim room	la consigne	
list	la liste	
baby	le bébé	
difficulty	l'ennui (m.)	
cart	la poussette, la charrette	
flag	le drapeau	
from	de	
to	à	
during	pendant	
as	en tant que	
as soon as	aussitôt que	
duty-free	en franchise	

to travel	**voyager**	timetable	**l'horaire** (*m.*)	third class	**la troisième classe**
to depart	**partir**	time of arrival	**l'heure** (*f.*) **d'arrivée** (*f.*)	pullman	**le wagon-lit**
to arrive	**arriver**	time of departure	**l'heure** (*f.*) **de départ** (*m.*)	diner, dining car	**le wagon-restaurant**
to catch (*a train*)	**ne pas manquer**			vehicle, car, carriage	**la voiture**
to take	**prendre**	train	**le train**	track	**la voie ferrée, le rail**
to stop (at)	**s'arrêter**	freight train	**le train de marchandises**	cart	**la poussette, la charrette**
to carry	**porter**	express train	**le (train) rapide, le train express, l'express** (*m.*)	newstand	**le kiosque à journaux**
to check baggage	**déposer ses bagages**	local (train)	**le train omnibus, l'omnibus** (*m.*)	magazine	**la revue, le magazine**
to browse, leaf through	**feuilleter, parcourir**	locomotive	**la locomotive**	old lady	**la vieille dame, la dame âgée**
to help	**aider**	conductor	**le contrôleur, la contrôleuse**	coat	**le pardessus**
to replace	**remplacer**	engineer	**le mécanicien**	time (*clock time*)	**l'heure** (*f.*)
to be late	**être en retard**	porter	**le porteur**		
to claim	**réclamer, demander**	baggage check room	**la consigne**	main	**principal**
to change (*train*)	**changer de**	locker	**la consigne automatique**	instead of	**au lieu de**
to happen, go on	**se passer**	suitcase	**la valise**	inexpensively	**économiquement, à bon marché**
		baggage	**les bagages** (*m. pl.*)	late	**tard**
railroad station	**la gare**	passenger	**le passager, la passagère**	early	**tôt, de bonne heure**
ticket	**le billet**	first class	**la première classe**	diesel	**diesel**
ticket window	**le guichet**	second class	**la seconde classe**	electric	**électrique**
one-way ticket	**le billet simple**			versus	**contre, par rapport à**
round-trip ticket	**le billet d'aller et retour**			as well as possible	**le mieux possible**
				take your seats!	**en voiture!**

26 La Gare

Analyse de l'illustration

1. Quel est le genre de locomotive sur les rails?
2. Où se trouvent le mécanicien et les conducteurs?
3. Que fait le jeune homme devant le kiosque à journaux?
4. À qui appartiennent les valises sur la poussette?
5. Que se passe-t-il au guichet?
6. Que fait le monsieur qui a son pardessus sur le bras?
7. Décrivez tout ce que vous voyez sur le dessin.

Points de départ

8. Nommez deux genres de locomotives.
9. Que signifie l'expression «en voiture!»?
10. Comment un porteur peut-il vous aider?
11. Combien donnez-vous au porteur qui a apporté vos quatre valises au train?
12. Que peut-on faire dans une gare s'il faut attendre le train pendant longtemps?
13. Où peut-on manger dans un train?
14. Quel est l'avantage d'un billet d'aller et retour sur un billet simple?
15. Pourquoi est-ce qu'un train de marchandises n'a pas de wagons-lit?
16. Qu'est-ce qu'un horaire?
17. Où peut-on déposer ses bagages si l'on arrive à la gare de bonne heure?
18. Quel autre endroit y a-t-il pour déposer ses bagages à la gare?
19. Quelle est la différence la plus importante entre un train express et un train omnibus?
20. Si un train arrive à 19 heures, comme disent les horaires européens, à quelle heure du soir sera l'arrivée du train?

Sujets de discussion

1. Racontez-nous la vie d'un porteur.
2. Pourquoi le train était en retard ce jour là.
3. Les trains européens comparés aux trains américains.

to post (*a letter*) **jeter, mettre**	general delivery **poste restante**	stamp **le timbre**
to mail **envoyer**	mail delivery **la distribution du courrier**	sheet of stamps **la feuille de timbres**
to deliver **livrer, remettre**	home delivery **la distribution à domicile**	commemorative stamp **le timbre commémoratif**
to register a letter **recommander une lettre, faire recommander une lettre**	special delivery **exprès**	edge **la bordure;** along the edge **tout le long de la bordure**
to weigh **peser**	special delivery stamp **le timbre exprès**	rate **le tarif**
to hold **tenir**	regular mail (*first class*) **le courrier régulier**	postmark **le cachet de la poste, l'oblitération** (*f.*)
to lose **perdre**	second-class mail **l'imprimé** (*m.*)	return address **l'adresse** (*f.*) **de l'expéditeur** (*m.*)
to look for **chercher**	registered letter **la lettre recommandée**	package **la paquet**
to stamp **timbrer**	by airmail **par avion**	ounce (*28.4 grams*) **l'once** (*f.*)
to pull out, take out **tirer**	postage meter **la machine à affranchir, l'affranchisseur** (*m.*)	pound (*.45 kilogram*) **la livre**
to indicate **indiquer**	metered postage **timbré par la machine à affranchir**	C.O.D. **livrable contre remboursement, payable à l'arrivée**
postal system **le système postal**	postage **l'affranchissement, le tarif d'affranchissement** (*m.*)	standing desk, high desk **le bureau de directeur**
post office **la poste**	domestic postage **le tarif postal intérieur**	ZIP code **le code postal**
(*clerk's*) window **le guichet**	foreign postage **l'affranchissement pour l'étranger** (*m.*)	United States **les États-Unis**
mailman, letter carrier **le facteur**		purse **le porte-monnaie**
letter **la lettre**		color **la couleur**
postcard **la carte postale**		tooth **la dent**
envelope **l'enveloppe** (*f.*)		week **la semaine**
mail **le courrier**		
mailbox **la boîte aux lettres**		
post-office box **la boîte postale**		
letter slot **la fente de la boîte aux lettres**		

27 La Poste

Analyse de l'illustration

1. Que fait la dame au premier plan avec les deux mains?
2. Comment savons-nous que cette dame aura bientôt besoin de timbres?
3. Que fait la dame de gauche?
4. Qui a des paquets, et où sont les personnes qui les portent?
5. Qui, sur le dessin, n'a rien dans les mains?   Où se trouve cette personne?

Points de départ

6. Quel est le prix d'un timbre pour une lettre (tarif postal intérieur) par courrier régulier?
7. Qu'est-ce qu'une carte postale et quel en est l'affranchissement?
8. Que veut dire «livrable contre remboursement»?
9. Comment savez-vous qu'une enveloppe va être envoyée «par avion»?
10. Que veut dire «machine à affranchir»?
11. Pourquoi le tarif d'affranchissement pour l'étranger est-il plus élevé que pour les États-Unis?
12. Quel est le jour de la semaine où il n'y a pas de distribution de courrier aux États-Unis?
13. Pourquoi une lettre est-elle envoyée «poste restante»?
14. En général, que vous indique le cachet de la poste?
15. Combien de grammes y a-t-il dans deux onces?
16. Quelle est la différence entre le courrier régulier et une lettre recommandée?
17. Où doit-on mettre l'adresse de l'expéditeur sur une enveloppe aux États-Unis?
18. Pourquoi recommander une lettre?
19. Que se passe-t-il si vous envoyez une lettre non timbrée?
20. Pourquoi devez-vous peser un paquet avant de l'envoyer?

Sujets de discussion

1. Timbres commémoratifs aux États-Unis.
2. Les numéros du code postal et ce qu'ils veulent dire.
3. Le système postal des États-Unis.

---

to the left	**de gauche, à gauche**	mail, postal	**postal**	red	**rouge**
high (*of prices*)	**élevé, cher**	blue	**bleu**		

to register **s'inscrire**	bellboy **le groom**	(married) couple **le couple**
to check into a hotel **arriver à l'hôtel**	hotel manager, desk clerk **le gérant, la gérante**	chambermaid **la bonne, la femme de chambre**
to check out of a hotel **quitter l'hôtel**	(hotel) guest **le client, la cliente**	service **le service**
to stay at a hotel **descendre à l'hôtel, rester dans un hôtel**	suitcase, bag **la valise**	room service **être servi dans sa chambre**
to carry **porter**	luggage, bags **les bagages** (m. pl.)	valet **le valet de chambre**
to show to one's room **conduire à sa chambre**	lobby **le hall**	tip **le pourboire, le service**
to pay the bill **payer la note**	elevator **l'ascenseur** (m.)	fur coat **le manteau de fourrure**
to clean the room **nettoyer la chambre**	rug **le tapis**	hat **le chapeau**
to call **demander, faire venir, appeler**	mirror **le miroir**	handbag **le sac à main**
	floor (on which one walks) **le plancher**	arm **le bras**
to contain **contenir**	floor (unit of counting) **l'étage** (m.)	logic **la logique**
to be supposed to **devoir**	first floor (European ground floor) **le rez-de-chaussée**	system **le système**
to receive, get **recevoir**	second floor (European first floor) **le premier étage**	superstition **la superstition**
hotel **l'hôtel** (m.)	key **la clef**	unlucky **malchanceux, malchanceuse**
motel **le motel**	mail **le courrier**	outside (of) **en dehors de**
front desk **la réception**	set of mailboxes; pigeonholes **les cases** (f. pl.) **à courrier**	
doorman **le portier**		

56

27 La Poste

Analyse de l'illustration

1. Que fait la dame au premier plan avec les deux mains?
2. Comment savons-nous que cette dame aura bientôt besoin de timbres?
3. Que fait la dame de gauche?
4. Qui a des paquets, et où sont les personnes qui les portent?
5. Qui, sur le dessin, n'a rien dans les mains? Où se trouve cette personne?

Points de départ

6. Quel est le prix d'un timbre pour une lettre (tarif postal intérieur) par courrier régulier?
7. Qu'est-ce qu'une carte postale et quel en est l'affranchissement?
8. Que veut dire «livrable contre remboursement»?
9. Comment savez-vous qu'une enveloppe va être envoyée «par avion»?
10. Que veut dire «machine à affranchir»?
11. Pourquoi le tarif d'affranchissement pour l'étranger est-il plus élevé que pour les États-Unis?
12. Quel est le jour de la semaine où il n'y a pas de distribution de courrier aux États-Unis?
13. Pourquoi une lettre est-elle envoyée «poste restante»?
14. En général, que vous indique le cachet de la poste?
15. Combien de grammes y a-t-il dans deux onces?
16. Quelle est la différence entre le courrier régulier et une lettre recommandée?
17. Où doit-on mettre l'adresse de l'expéditeur sur une enveloppe aux États-Unis?
18. Pourquoi recommander une lettre?
19. Que se passe-t-il si vous envoyez une lettre non timbrée?
20. Pourquoi devez-vous peser un paquet avant de l'envoyer?

Sujets de discussion

1. Timbres commémoratifs aux États-Unis.
2. Les numéros du code postal et ce qu'ils veulent dire.
3. Le système postal des États-Unis.

to the left	**de gauche, à gauche**	mail, postal	**postal**	red	**rouge**
high (*of prices*)	**élevé, cher**	blue	**bleu**		

to register **s'inscrire**	bellboy **le groom**	(married) couple **le couple**
to check into a hotel **arriver à l'hôtel**	hotel manager, desk clerk **le gérant, la gérante**	chambermaid **la bonne, la femme de chambre**
to check out of a hotel **quitter l'hôtel**	(hotel) guest **le client, la cliente**	service **le service**
to stay at a hotel **descendre à l'hôtel, rester dans un hôtel**	suitcase, bag **la valise**	room service **être servi dans sa chambre**
to carry **porter**	luggage, bags **les bagages** (m. pl.)	valet **le valet de chambre**
to show to one's room **conduire à sa chambre**	lobby **le hall**	tip **le pourboire, le service**
to pay the bill **payer la note**	elevator **l'ascenseur** (m.)	fur coat **le manteau de fourrure**
to clean the room **nettoyer la chambre**	rug **le tapis**	hat **le chapeau**
to call **demander, faire venir, appeler**	mirror **le miroir**	handbag **le sac à main**
	floor (on which one walks) **le plancher**	arm **le bras**
to be supposed to **devoir**	floor (unit of counting) **l'étage** (m.)	logic **la logique**
to receive, get **recevoir**	first floor (European ground floor) **le rez-de-chaussée**	system **le système**
	second floor (European first floor) **le premier étage**	superstition **la superstition**
hotel **l'hôtel** (m.)	key **la clef**	unlucky **malchanceux, malchanceuse**
motel **le motel**	mail **le courrier**	outside (of) **en dehors de**
front desk **la réception**	set of mailboxes; pigeonholes **les cases** (f. pl.) **à courrier**	
doorman **le portier**		

56

28 L' Hôtel

Analyse de l'illustration

1. Quels sont les objets qui vous font penser que l'hôtel sur le dessin est un grand et bon hôtel?
2. Qui porte un chapeau?
3. Combien de valises voyez-vous et où sont-elles?
4. Combien d'ascenseurs y a-t-il et où sont-ils?
5. Comment savons-nous que le couple au premier plan du dessin vient d'arriver à l'hôtel?
6. Que porte la dame sur son bras gauche? Sur son bras droit? Que tient-elle dans sa main gauche?
7. Qui donne une clef à qui, et pourquoi?
8. Où sont les cases à courrier et que contiennent-elles?
9. Que voyez-vous à droite, à l'arrière-plan?
10. Combien de grooms pouvez-vous voir? Où sont-ils? Que font-ils?

Points de départ

11. Dans un hôtel, quand le client (la cliente) doit-il (elle) payer sa note?
12. Quand et pourquoi donne-t-on, en général, un pourboire au groom?
13. Quand et pourquoi une personne demande-t-elle d'être servie dans sa chambre?
14. Savez-vous que la plupart des grands hôtels n'ont pas de treizième étage? Quelle en est la raison?
15. Savez-vous qu'en dehors des États-Unis ce que nous appelons le premier étage est le rez-de-chaussée, ce que nous appelons le second étage est le premier étage etc.? Expliquez la logique des deux systèmes.
16. Pourquoi est-ce que la plupart des motels n'ont pas d'ascenseurs?
17. En général, qui nettoie les chambres dans un hôtel, quand et combien de fois?
18. Comment dites-vous en français: «the rug on the floor of the third floor»?
19. Préférez-vous rester dans des hôtels ou dans des motels, et pourquoi?
20. Comment est-ce qu'une personne reçoit son courrier à l'hôtel?

Sujets de discussion

1. Les différences entre un hôtel et un motel typiques.
2. Le hall d'un hôtel.
3. Ce qu'un groom m'a dit.

MENU
RESTAURANT de PARIS

HORS D'ŒUVRES (APPETIZERS)   Prix
Hors d'œuvres variés .... 26 F.
Assiette de fruits de mer (shellfish platter) 28
Pâté maison 15
Salade de tomates (tomato salad) 9
Caviar Russe (Russian caviar) 65

LES SOUPES (SOUPS)
Crème d'asperges (asparagus soup) 11
Soupe de poisson (fish soup) 18
Crème de champignons (mushroom soup) 10
Soupe à l'oignon (onion soup) 15
Bouillabaisse (seafood stew) 80

LES ŒUFS (EGGS)
Œufs au plat (fried eggs) 9
Œufs brouillés au jambon (scrambled eggs with ham) ... 20
Œufs brouillés aux champignons (scrambled eggs with mushrooms) 14
Omelette de campagne (omelette, country style) 14
Omelette aux fines herbes (omelette with herbs) 14

LES LÉGUMES (VEGETABLES)
Épinard à la crème (creamed spinach) 10
Cœurs d'artichauts au jambon (artichokes with diced ham) 17
Haricots verts (green beans) 10
Poivrons farcis (stuffed peppers) 18
Aubergines (eggplant) 10
Petits pois (peas) 10

LES VIANDES (MEATS)   Prix
Filet grillé (grilled filet mignon) 50
Châteaubriand, pour 2 personnes (sliced filet, for 2) 100
Poulet rôti (roast chicken) 40
Canard à l'orange (duck with orange sauce) 45
Côtelettes de veau (veal chops) 42
Côtelettes de mouton (lamb chops) 35
Rognons de veau au Madère (kidney cooked in Madeira) ... 40
Rôti de bœuf (roast beef) 40
Entrecôte de Paris 62

DESSERTS ET FROMAGES (DESSERTS AND CHEESES)
Crème au caramel (custard with caramel sauce) 6
Tarte aux fraises (strawberry tart) 8
Macédoine de fruits (fruit cocktail) 8
Fruits frais variés (selection of fresh fruits) 8
Glaces diverses (various flavors of ice cream) 6
Fromages variés (selection of cheeses) 12

BOISSONS (BEVERAGES)
Vins rouges (red wines) 15–75
Vins blancs (white wines) 15–75
Vins rosés (rosé wines) 15–75
Champagnes (champagne) 60–150
Bières (beer) 8–15
Eaux minérales (bottled water) 5
Perrier (bottled water, carbonated) 5
Boissons gazeuses (soft drinks) 8
Limonade (lemon soda) 6
Thé (tea) 5
Café (coffee) 5
Liqueurs, cognacs, whiskys 12

Service obligatoire 15% (15% obligatory gratuity)

---

to advise, inform **aviser**
to take (*eat, drink*) **consommer**
to be served (*of dishes*) **être servi (e)(s), se servir**
to ask for, request, order **commander**
to try (out), test, sample **goûter**
to be sold out, be out of **ne plus en avoir**
to put on the bill **ajouter à l'addition**
to leave a tip **laisser un pourboire**
to cost **coûter**
to prepare, fix **préparer**

meal **le repas**
dish, course (*of a meal*) **le plat**

seafood **les fruits de mer** (*shrimps, crabs, etc.*); **les poissons** (*fish*)
waiter **le garçon**
waitress **la serveuse**
bill, check **l'addition** (*f.*), **la facture**
mistake **l'erreur** (*f.*)
complaint **la réclamation**
dollar **le dollar**
monetary unit of France **le franc (F.)**
($1 = à peu près 5 francs)
United States **les États-Unis**
category **la catégorie**

expensive **cher**
inexpensive **bon marché**
complete, full **complet, complète**

fresh **frais, fraîche**
canned **en boîte**
well done **bien cuit**
medium **à point**
rare **saignant**
medium (*price*) **moyen**
on an average **en moyenne**
as **alors que**

both **les deux**
How much is. . . ? **Combien est. . . ?**
instead of **au lieu de**
in the course of **au cours de**
approximately **à peu près**
imaginary **imaginaire**
special **spécial**

29 Le Menu

Analyse de l'illustration

1. Nommez deux plats qui se servent rarement dans les restaurants aux États-Unis.
2. Nommez deux plats qui sont très populaires aux États-Unis.
3. Nommez deux plats que vous n'avez jamais goûtés.
4. Quel est le plat le plus cher sur le menu?
5. Quels sont les fruits de mer et les poissons que vous voyez sur le menu?
6. Consultez un dictionnaire ou un ami pour savoir ce qu'est une «Entrecôte de Paris».
7. Quel est le dessert le moins cher?
8. En prenant le menu, commandez à un garçon imaginaire un repas complet.
9. Dans quelle catégorie se trouve ce restaurant — cher, bon marché ou moyen — d'après les prix du menu?

Points de départ

10. En France on mange généralement «à la carte» plutôt qu'au «plat du jour». Expliquez la différence.
11. Comment aimez vous le filet?
12. Si vous commandez un menu qui coûte 100F., combien de pourboire sera ajouté à l'addition?
13. Quel est le prix, en dollars, d'un menu qui vous a coûté 135F.?
14. Si les Français ne prennent pas le café au cours de leurs repas, quand le prennent-ils?
15. Quelle boisson préférez-vous avec votre repas?
16. Quel vin préférez-vous avec la viande? Et avec le poisson?
17. Quelle boisson préférez-vous avec un bon fromage? Laquelle préférez-vous ne pas prendre avec votre fromage?
18. En francs français, combien coûtent, en moyenne, deux œufs au plat dans un restaurant bon marché aux États-Unis? Et une glace au chocolat pour une personne?
19. Que faites-vous si, alors que vous commandez des côtelettes de moutons, le garçon vous avise qu'il n'y en a plus?
20. Que faites-vous s'il y a une erreur dans l'addition?

Sujets de discussion

1. Expliquez la différence entre le menu français de cette leçon et un menu typiquement américain.
2. Le repas que je commanderais si les prix n'avaient pas d'importance.
3. Un plat spécial que je sais préparer.

to spend (*money*)	**dépenser**	
to save	**économiser, mettre de côté**	
to make payment	**payer, faire le paiement**	
to maintain, keep	**maintenir, garder**	
to review, go over	**repasser, revoir, examiner**	
to devise, invent	**inventer**	
to predict	**prédire, prévoir**	
to exceed	**dépasser, excéder**	
to suggest	**proposer**	
to be in the course of (+ *gerund*)	**être en train de** (+ *inf.*)	
to balance	**balancer**	
(family) budget	**le budget de famille, le budget de ménage**	
income	**le revenu**	
expenditure	**les frais** (*m. pl.*), **les dépenses** (*f. pl.*), **le déboursement**	
expense	**la dépense**	
money	**l'argent** (*m.*)	
payment	**le paiement**	
down payment	**l'acompte** (*m.*), **les arrhes** (*f. pl.*)	
purchase	**l'achat** (*m.*)	
installment purchase	**l'achat à tempérament**	
amount	**le total, la somme totale**	
bill	**la facture**	
salary	**le salaire**	
dollar	**le dollar**	
checkbook	**le carnet de chèques**	
bank	**la banque**	
credit card	**la carte de crédit**	
checking account	**le compte courant**	
banknote	**le billet de banque**	
electronic calculator	**la calculatrice**	
cost of living	**le coût de la vie**	
rent	**le loyer**	
mortgage	**l'hypothèque** (*f.*)	
utilities	**les services publics**	
tax, taxes	**l'impôt** (*m.*), **la taxe**	
insurance	**l'assurance** (*f.*)	
interest	**l'intérêt** (*m.*)	
transportation	**le transport**	
clothes, clothing	**les habits, les vêtements**	
food, groceries	**l'épicerie** (*f.*), **les vivres, les comestibles**	
entertainment	**le divertissement, l'amusement** (*m.*)	
vacation	**les vacances** (*f.pl.*)	
pocket money, spending money, allowance	**l'argent** (*m.*) **de poche**	
year	**l'année** (*f.*)	
husband	**le mari, l'époux** (*m.*)	
wife	**la femme, l'épouse** (*f.*)	
(married) couple	**le couple, les époux, le ménage**	
child	**l'enfant** (*m.*)	
baby	**le bébé**	
crib	**le berceau**	
bedroom	**la chambre à coucher**	
table	**la table**	
lamp	**la lampe**	
ballpoint pen	**le stylo**	
sheet of paper	**la feuille de papier**	
envelope	**l'enveloppe** (*f.*)	
solution	**la solution**	
medical	**médical**	

30 Le Budget de famille

Analyse de l'illustration

1. Que voyez-vous dans la chambre à coucher?
2. Pensez-vous qu'il fasse jour ou nuit? Pourquoi?
3. Nommez les objets qui sont sur la table.
4. Que pensez-vous que le mari dise à sa femme?
5. Que pensez-vous que la femme dise (ou aille dire) à son mari?
6. Que pourrait être le problème principal du budget de ces époux qui sont en train d'examiner leurs dépenses?
7. Pourquoi ce ménage doit-il avoir un budget?
8. S'il n'y a pas d'enfants dans cette famille, combien croyez-vous que coûtent les vivres hebdomadaires de ce ménage?
9. Inventez le budget mensuel, y compris tous les frais, du ménage que vous voyez sur ce dessin.

Points de départ

10. Qu'est-ce qu'un budget?
11. Quel est l'avantage de faire un budget?
12. Avez-vous un budget pour vos frais personnels? Au cas affirmatif, pourquoi? Dans le cas contraire, pourquoi pas?
13. Quelle est votre dépense mensuelle la plus élevée?
14. Si vos frais dépassent vos revenus, quelles sont les solutions que vous proposez?
15. Si vous économisez $10 par semaine pendant cinq ans, combien d'argent (plus les intérêts) aurez-vous en banque?
16. Quels sont quelques frais typiques qui sont nécessaires dans le budget mensuel d'un jeune ménage?
17. On ne peut pas prévoir toutes les dépenses. Nommez quelques-uns de ces frais impossibles à prévoir.
18. Expliquez ce qu'est un achat à tempérament.
19. Quels sont quelques-uns des avantages et des désavantages d'une carte de crédit?
20. Que signifie «argent de poche»?

Sujets de discussion

1. Mon budget.
2. Comment économiser de l'argent.
3. Le coût de la vie.

---

dental **dentaire**	young **jeune**	plus **plus**
weekly **hebdomadaire**	if so **au cas affirmatif**	minus **moins**
monthly **mensuel**	if not **dans le cas contraire; au cas contraire; sinon**	within, inside, in **à l'intérieur, dedans**
personal **personnel, personnelle**		each, every **chaque; chacun, chacune**
high (of prices) **élevé**	how much? **combien?**	including **comprenant, y compris**

1984

	D L M M J V S		D L M M J V S		D L M M J V S		D L M M J V S
Janvier		*Février*		*Mars*	1 2 3	*Avril*	1 2 3 4 5 6 7
	1 2 3 4 5 6 7		1 2 3 4		4 5 6 7 8 9 10		8 9 10 11 12 13 14
	8 9 10 11 12 13 14		5 6 7 8 9 10 11		11 12 13 14 15 16 17		15 16 17 18 19 20 21
	15 16 17 18 19 20 21		12 13 14 15 16 17 18		18 19 20 21 22 23 24		22 23 24 25 26 27 28
	22 23 24 25 26 27 28		19 20 21 22 23 24 25		25 26 27 28 29 30 31		29 30
	29 30 31		26 27 28 29				
Mai		*Juin*	1 2	*Juillet*	1 2 3 4 5 6 7	*Août*	1 2 3 4
	1 2 3 4 5		3 4 5 6 7 8 9		8 9 10 11 12 13 14		5 6 7 8 9 10 11
	6 7 8 9 10 11 12		10 11 12 13 14 15 16		15 16 17 18 19 20 21		12 13 14 15 16 17 18
	13 14 15 16 17 18 19		17 18 19 20 21 22 23		22 23 24 25 26 27 28		19 20 21 22 23 24 25
	20 21 22 23 24 25 26		24 25 26 27 28 29 30		29 30 31		26 27 28 29 30 31
	27 28 29 30 31						
Septembre		*Octobre*	1 2 3 4 5 6	*Novembre*	1 2 3	*Décembre*	1
	1		7 8 9 10 11 12 13		4 5 6 7 8 9 10		2 3 4 5 6 7 8
	2 3 4 5 6 7 8		14 15 16 17 18 19 20		11 12 13 14 15 16 17		9 10 11 12 13 14 15
	9 10 11 12 13 14 15		21 22 23 24 25 26 27		18 19 20 21 22 23 24		16 17 18 19 20 21 22
	16 17 18 19 20 21 22		28 29 30 31		25 26 27 28 29 30		23 24 25 26 27 28 29
	23 24 25 26 27 28 29						30 31
	30						

to occur, fall **avoir lieu, se passer, tomber**
to celebrate **célébrer**
to take a long weekend **faire le pont**
to be born **naître, être né**

calendar **le calendrier**
date **la date**
month **le mois**
week **la semaine**
Sunday **(le) dimanche**
Monday **(le) lundi**
Tuesday **(le) mardi**
Wednesday **(le) mercredi**
Thursday **(le) jeudi**
Friday **(le) vendredi**
Saturday **(le) samedi**
year **l'année** (*f.*), **l'an** (*m.*)
leap year **l'année bissextile**
academic year, school year **l'année scolaire**
time **le temps**
hour **l'heure** (*f.*)

minute **la minute**
second **la seconde**
vernal equinox **l'équinoxe** (*m.*) **de printemps**
autumnal equinox **l'équinoxe d'automne**
daylight **la lumière du jour**
standard time **l'heure de Greenwich**
daylight savings time **l'heure d'été**
noon **midi, l'heure de midi**
midnight **minuit** (*m.*)
workday **le jour de travail, le jour ouvrable**
weekend **le week-end, la fin de la semaine**
long weekend **le pont**
holiday **la fête, le jour de fête**
birthday **l'anniversaire** (*m.*) **(de la naissance)**
(wedding) anniversary **l'anniversaire** (*m.*) **(du mariage)**
one's saint's day **sa fête**
Christmas **(le) Noël**

Easter **(les) Pâques** (*m.pl.*)
New Year's Day **le jour de l'An** (*m.*)
eve of **la veille de**
Independence Day **le jour (la fête) de l'anniversaire de l'Indépendance**
Labor Day **le jour (la fête) du Travail**
Memorial Day **le jour (la fête) du Souvenir**
spring **le printemps**
summer **l'été** (*m.*)
winter **l'hiver** (*m.*)
fall **l'automne** (*m.*)
history **l'histoire** (*f.*)
country **le pays**
United States of America **les États-Unis** (*pl.*)
horoscope **l'horoscope** (*m.*)

during **durant**
Catholic **catholique**
the most **le plus (de)**

31 Le Calendrier

Analyse de l'illustration

1. Quels mois ont trente et un jours?   Lesquels en ont trente?
2. Quels jours de la semaine sont, en général, les jours de travail?
3. Que veut dire «week-end»?   Que signifie «faire le pont»?
4. Sur quel jour de la semaine tombera le jour de Noël en 1984?   le jour de l'anniversaire de l'Indépendance des États-Unis?
5. Quelle est la date de la fête du Travail en 1984?   la fête du Souvenir?   la veille du jour de l'An?
6. Dans quels mois en 1984 avons nous un vendredi 13?
7. Quels sont les mois en 1984 qui ont le plus de dimanches?

Points de départ

8. Combien de secondes y a-t-il dans une minute?   Combien de minutes dans une heure?   Combien d'heures dans un jour?
9. Combien de jours y a-t-il dans une semaine?   de semaines dans une année?   de jours dans une année?   de mois dans une année?
10. 1984 est une année bissextile.   Combien d'années bissextiles y a-t-il eu durant votre vie?
11. Quelle est la date de votre anniversaire?
12. Donnez le nom d'une fête française qui n'est pas célébrée aux États-Unis.
13. Qu'est-ce qu'un équinoxe?   Pendant quels mois l'équinoxe du printemps et l'équinoxe d'automne ont-ils lieu?
14. Quel est le mois qui a le jour le plus long de l'année, et quel est celui qui a le plus court?
15. Combien d'heures y a-t-il entre midi et minuit?
16. Quel est le désavantage de l'heure de Greenwich en été?
17. Donnez trois années importantes dans l'histoire de la France et dites pourquoi elles le sont.
18. Dans les pays catholiques chaque personne célèbre sa fête.   Expliquez.
19. Quels sont les mois d'hiver?   de printemps?   d'été?   d'automne?
20. Quel est le personnage dont nous célébrons l'anniversaire partout aux États-Unis?   Quel est le jour de sa naissance?

Sujets de discussion

1. Le mois que j'aime le plus.
2. La date la plus importante de l'année scolaire.
3. Mon horoscope.

to pay **payer**	banker (*officer of a bank*) **le banquier** (*no. f.:* elle est banquier)	stock (*market share*) **l'action** (*f.*)
to receive **recevoir**	employee **l'employé** (*m.*), **l'employée** (*f.*)	stock market **la bourse**
to lend **prêter**		deposit slip **le bordereau de versement**
to borrow **emprunter**	guard **le garde**	withdrawal slip **le bordereau de retrait**
to deposit **mettre, déposer**	customer **le client, la cliente**	
to withdraw **retirer**	window (*of a teller*) **le guichet**	interest (*money paid or charged*) **l'intérêt** (*m.*)
to invest **placer**	ledge **le bord**	
to open an account **ouvrir un compte bancaire**	standing (high) desk **le bureau de directeur**	mortgage **l'hypothèque** (*f.*)
		interest rate **le taux d'intérêt**
to cash (*a check*) **toucher**	waste basket **la corbeille à papier**	safe, vault **le coffre fort**
to fill out (*a form*) **remplir**	clock **la pendule**	safe-deposit box **le coffre (à la banque)**
to sign **signer**	money **l'argent** (*m.*)	
to get ready (to) **s'apprêter à**	cash **la monnaie**	purse, handbag **le sac à main**
to refer (to) **faire référence à**	loan **l'emprunt** (*m.*)	wallet **le portefeuille**
to form (start) a line (*of people*) **faire (commencer) la queue**	bill (*banknote*) **le billet de banque**	banking hours **les heures d'ouverture et fermeture des banques**
	bill (*money due*) **la note**	
to work **travailler**	check **le chèque**	time (*occasion*) **la fois**
to function, work **fonctionner**	passbook **le livret de caisse d'épargne**	sign **l'affiche** (*f.*)
to lean against **s'appuyer contre**		pro and con **le pour et le contre**
to discuss **discuter**	check book **le carnet de chèques**	weather **le temps**
to forget **oublier**	savings account **le compte à la caisse d'épargne**	umbrella **le parapluie**
to rain **pleuvoir**		
	checking account **le compte en banque**	
bank **la banque**		usually **d'habitude**
teller **le caissier, la caissière**	traveller's check **le chèque de voyage**	convenient **commode**

64

32 La Banque

Analyse de l'illustration

1. Combien de personnes y a-t-il dans la banque?
2. Quel temps fait-il probablement aujourd'hui?
3. À votre avis, que discutent les gens assis à droite?
4. Où est la corbeille à papier?
5. Est-ce que les employés s'apprêtent à rentrer chez eux? Pourquoi? Comment le savez-vous?
6. Où les clients font-ils la queue?
7. Que font les gens qui s'appuient contre les bureaux de directeur?
8. Qui a oublié quelque chose? Qu'est-ce que c'est? Où est-ce?
9. À quoi l'affiche fait-elle référence?
10. Où est le caissier?
11. Où est le garde?

Points de départ

12. Combien d'argent avez-vous dans votre portefeuille aujourd'hui, et que pensez-vous en faire?
13. Comment dépose-t-on de l'argent en banque, et comment le retire-t-on de la banque?
14. Quels sont les avantages d'un compte en banque?
15. D'habitude, quelles sont les heures d'ouverture et de fermeture des banques?
16. Quand étiez-vous dans une banque la dernière fois et pourquoi y étiez-vous?
17. Qu'est-ce qu'un intérêt? Quand est-il payé et quand est-il reçu?
18. Quels sont les avantages des chèques de voyage?
19. Comment est-ce qu'on touche un chèque?
20. Si vous aviez beaucoup d'argent à placer, comment le placeriez-vous?

Sujets de discussion

1. Comment fonctionne une banque.
2. Pourquoi j'aimerais, ou je n'aimerais pas, travailler dans une banque.
3. Le pour et le contre d'avoir un coffre à la banque.

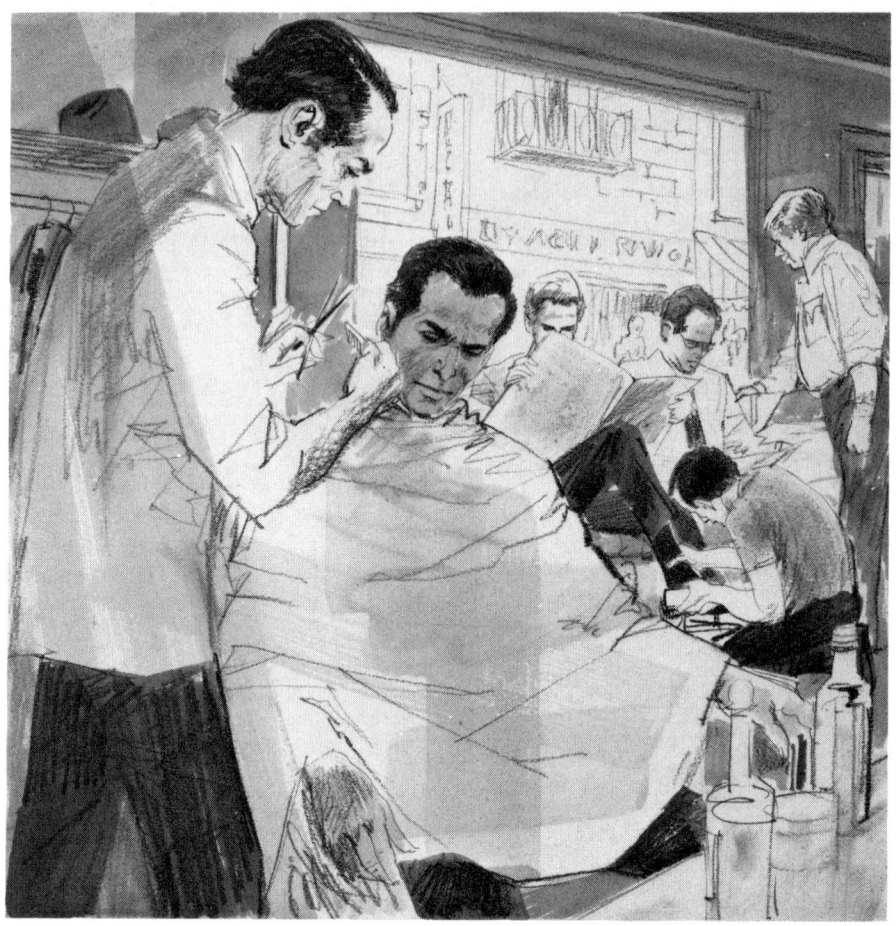

to cut hair	couper les cheveux	
to get a haircut	se faire couper les cheveux	
to comb	coiffer	
to shave (oneself)	se raser, se faire la barbe	
to get a shave	se faire raser, se faire faire la barbe	
to shine shoes	cirer les chaussures	
to get a shoeshine	se faire cirer les chaussures, faire cirer ses chaussures	
to be on one's feet	être debout	
to wait one's turn	attendre son tour	
to cover	couvrir	
barber	le coiffeur	
barbershop	le salon de coiffure	
barber's pole	l'enseigne (f.) de coiffeur	
customer	le client	
hair (on the head)	les cheveux (m. pl.)	
haircut	la coupe des cheveux	
comb	le peigne	
scissors	les ciseaux (m. pl.)	
shaving cream	la crème à raser	
soap	le savon	
lather	la mousse	
razor	le rasoir	
razor blade	la lame	
straight razor	le rasoir droit	
electric razor	le rasoir électrique	
clippers	la tondeuse	
whiskers	la barbe	
stubbles	la barbe de plusieurs jours	
moustache	la moustache	
beard	la barbe	
sideburns	les favoris (m. pl.), les pattes (f. pl.)	
cheek	la joue	
coat rack	le portemanteau	
hat rack	le porte-chapeaux	
shoeshine	le cirage (des chaussures)	
newspaper	le journal	
wrap	le tablier	
point	le point	
United States	les États-Unis	
left-handed	gaucher, gauchère (adj. and noun)	
right-handed	droitier, droitière (adj. and noun)	
red	rouge	
white	blanc	
up to the waist	à mi-corps	
almost	presque	

33 Chez le coiffeur

Analyse de l'illustration

1. Que fait le coiffeur sur le dessin?
2. Pourquoi couvre-t-il le client à mi-corps?
3. Qui est en train de faire cirer ses chaussures?
4. Comment savez-vous que le coiffeur est gaucher?
5. Où voyez-vous un chapeau?
6. Qu'est-ce qu'il y a sous le porte-chapeaux?
7. Que voyez-vous à l'arrière-plan de l'illustration?

Points de départ

8. Quelles sont les couleurs d'une enseigne de coiffeur aux États-Unis?
9. Quand vous vous rasez, préférez-vous un rasoir droit ou un rasoir électrique?   Et pourquoi l'un ou l'autre?
10. Pourquoi est-ce qu'un coiffeur doit être debout presque toute la journée?
11. Combien de fois par mois allez-vous chez le coiffeur?
12. Combien payez-vous, en général, pour une coupe de cheveux?
13. Combien coûte le cirage des chaussures?
14. Que peut-on faire en attendant son tour chez le coiffeur?
15. Qu'est-ce qu'on appelle «les favoris»?
16. En général, à quel point d'une coupe de cheveux le coiffeur utilise-t-il la tondeuse?
17. Aimeriez-vous être coiffeur?   Si oui, pourquoi?   Si non, pourquoi pas?
18. Qu'est-ce qu'une barbe?   Qu'est-ce qu'une moustache?
19. Quand avez-vous l'intention d'avoir une moustache et une barbe?   Pourquoi à ce moment là, ou pourquoi jamais?
20. Beaucoup d'hommes se font raser au lieu de se raser eux-même.   Quels sont les avantages et désavantages des deux méthodes?

Sujets de discussion

1. Comment se raser avec un rasoir droit.
2. Le coiffeur et la coupe des cheveux.
3. Chez le coiffeur.

to cut **couper**	to happen, take place **se passer**	drying **le séchage**
to wash **laver**	beauty parlor **le salon de coiffure**	hand cream **la crème pour les mains**
to rinse **rincer**	beautician, hair dresser **le coiffeur, la coiffeuse**	manicure **les soins (esthétiques) des ongles**
to set **faire une mise en pli**	customer **la cliente**	manicurist **le/la manucure**
to dry **sécher**	head **la tête**	fingernail **l'ongle** (m.) **de la main**
to comb (out) **peigner**	hair (on the head) **les cheveux** (m. pl.)	nail file **la lime à ongles**
to roll (hair) on curlers **mettre les bigoudis**	hair style, hairdo **le style de coiffure**	nail polish **le vernis à ongles**
to take out the curlers **enlever les bigoudis**	permanent (wave) **la permanente**	nail-polish remover **le dissolvant de vernis à ongles**
to dye **teindre**	shampoo **le shampooing**	smock **le tablier, la blouse**
to bleach **décolorer, oxygéner**	dryer **le séchoir**	earring **la boucle d'oreille**
to tease hair **(se) crêper les cheveux**	comb **le peigne**	tray **le plateau**
to do one's hair **se coiffer**	curler **le bigoudi**	bottle **la bouteille**
to manicure **faire une manucure**	hair pin **l'épingle** (f.) **à cheveux**	
to contain **contenir**	bobby pin **la pince à cheveux**	blond **blonde**
to need **avoir besoin de**	"set" **la mise en pli**	brunette **brune**
to be necessary **falloir** (+ inf.)	braid **la tresse**	redhead **rousse, rouquine**

34 Au salon de coiffure

Analyse de l'illustration

1. Que font le coiffeur et la coiffeuse aux cheveux des dames?
2. Décrivez ce qui se passe dans le fond de l'illustration à gauche?
3. Quelles sont les clientes qui ont déjà eu leur shampooing?
4. Que contient, sans doute, la bouteille sur le plateau?
5. Pourquoi est-ce que la manucure n'a pas besoin d'un peigne?
6. Qui ne porte pas de tablier?   Pourquoi pas?
7. Parmi les clientes que vous voyez sur le dessin, laquelle est probablement arrivée la première?
8. D'après l'illustration, quelles sont les personnes qui ne portent pas de boucles d'oreilles?
9. Que pensez-vous des coiffures des deux dames au premier plan de l'illustration?

Points de départ

10. Pourquoi est-ce que les femmes vont chez le coiffeur plus souvent que les hommes?
11. Au salon de coiffure, que fait la coiffeuse avant de vous faire une mise en pli?
12. Que fait la coiffeuse après vous avoir mis les bigoudis?
13. Quand enlève-t-on les bigoudis?
14. Qu'aimez-vous le moins — le shampooing, la mise en pli, le séchage?   Pourquoi?
15. En général, préférez-vous un coiffeur ou une coiffeuse?   Pourquoi?
16. A quoi pensez-vous quand vous êtes sous le séchoir?
17. Qu'est-ce qu'une manucure?
18. Que peut faire une brune qui veut devenir blonde ou rousse?
19. À peu près combien de temps faut-il pour sécher les cheveux après une mise en pli?
20. Quand se sert-on des épingles à cheveux et quand se sert-on des pinces à cheveux?

Sujets de discussion

1. Qu'est-ce qui se passe dans un salon de coiffure.
2. Ma coiffure est un problème.
3. Les styles de coiffure d'aujourd'hui.

to get sick **tomber malade**
to get a sickness **contracter une maladie**
to treat *(an illness)* **soigner**
to take someone's pulse **prendre le pouls à quelqu'un**
to take someone's temperature **prendre la température à quelqu'un**
to read the temperature **lire le thermomètre**
to stay, remain **rester**
to live **habiter, vivre**
to visit **visiter**
to die **mourir**
to suppose **supposer**
to listen (to) **écouter**
to examine *(patient)* **examiner, ausculter**
to meet **rencontrer**
to know of, have knowledge of **avoir connaissance de**
to be *(health)* **se porter**
to be better *(of health)* **aller mieux**
to be better (+ *inf.*) **valoir mieux (de) (+ *inf.*)**
to be better (than) **valoir mieux (que)**
to inoculate (against) **inoculer (contre)**

hospital **l'hôpital** *(m.)*
sanitarium **la maison de repos, le sanatorium**
doctor *(physician)* **le docteur, le médecin** *(no f.: elle est docteur)*
nurse **l'infirmière** *(f.)*
paramedic **l'auxilière médical** *(m.)*, **l'auxilière médicale** *(f.)*
first aid **le premier secours**
head **la tête**
chair **la chaise**
function **la fonction**
patient **le malade, la malade**
smock *(white gown of doctor)* **la blouse de médecin**
medicine **la médecine; le médicament**
thermometer **le thermomètre**
stethoscope **le stéthoscope**
bandage **le bandage, la bande**

room **la chambre, la pièce**
private room **la chambre particulière, la chambre privée**
semiprivate room **la chambre semi-privée**
ward **la salle commune**
bed **le lit**
sheet *(of linen)* **le drap**
sheet *(mattress cover)* **l'alaise** *(f.)*
medical report **la feuille d'observations**
night table **la table de nuit**
tray **le plateau**
visitor **le visiteur, la visiteuse**
visiting hours **les heures de visite**
flower **la fleur**
injury **la blessure**
sickness, disease **la maladie**
accident **l'accident** *(m.)*
inoculation **l'inoculation** *(f.)*
smallpox **la variole**
appendicitis **l'appendicite** *(f.)*
medical insurance **l'assurance** *(f.)* **médicale**

35 L' Hôpital

Analyse de l'illustration

1. Pourquoi l'infirmière a-t-elle un montre-bracelet?
2. Que fait l'infirmière?
3. Que fait le docteur?
4. Décrivez le docteur sur le dessin.
5. Qu'est-ce qui vous fait penser que le malade a, sans doute, une blessure et non pas une maladie?
6. Pourquoi ne pouvons-nous pas voir le bras droit du malade?
7. Quelle est la condition du malade?
8. Quels sont les autres objets que vous voyez dans la pièce?

Points de départ

9. Comment vous portez-vous aujourd'hui?
10. Jusqu'à quel âge espérez-vous vivre?
11. Si vous étiez sérieusement malade, pourquoi vaudrait-il mieux que vous soyez soigné(e) à l'hôpital que chez vous?
12. Expliquez ce que veut dire «assurance médicale»?
13. Quelle est la différence entre un hôpital et une maison de repos?
14. Qu'est-ce qu'une salle commune? Une chambre privée? Une chambre semi-privée?
15. Que veut dire «heures de visite»?
16. Quelles sont les fonctions d'un auxiliaire médical (d'une auxiliaire médicale)?
17. Comment prend-on le pouls?
18. Dans un hôpital on voit souvent les docteurs avec des stéthoscopes. Que fait-on avec un stéthoscope?
19. Pourquoi est-ce qu'une crise cardiaque est quelque chose de très grave?
20. Quelle maladie grave n'existe plus de nos jours à cause des inoculations?

Sujets de discussion

1. Quand j'étais gravement malade.
2. Un accident sérieux que j'ai eu ou dont j'ai connaissance.
3. Le meilleur hôpital dans notre ville.

---

heart **le cœur**	condition **la condition**	nowadays **de nos jours**
heart attack **la crise cardiaque**	convalescence **la convalescence**	serious (*illness*) **sérieux, sérieuse; grave**
wrist **le poignet**	as **en tant que**	seriously **sérieusement, gravement**
arm **le bras**	sick **malade**	rather **plutôt**
watch **la montre**	healthy **en bonne santé, sain**	on account (of) **à cause (de)**
wrist watch **le montre-bracelet**	dead **mort**	
room **la pièce, la chambre**		

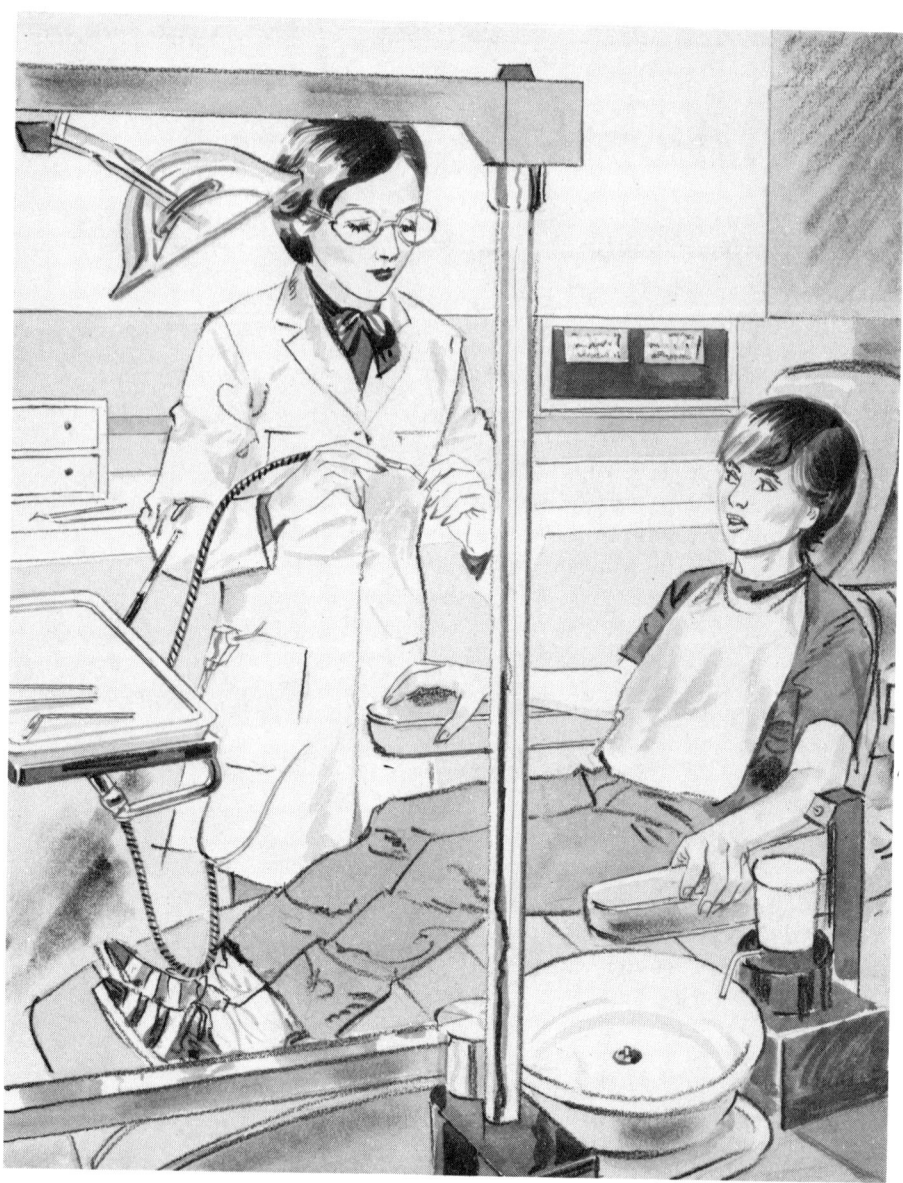

to examine **examiner**	to take care of **prendre soin de**	gum **la gencive**
to get examined **se faire examiner**	to be afraid (of) **avoir peur (de)**	tooth **la dent**
to treat, attend to (*medical*) **soigner**		(set of) teeth **la denture**
to clean, brush (one's teeth) **se laver, se brosser (les dents)**	dentist **le/la dentiste**	denture, false teeth **le dentier**
to find **trouver**	dentistry (*field of study*) **les études dentaires**	wisdom tooth **la dent de sagesse**
to count **compter**	dentist's office **le cabinet dentaire**	toothache **le mal de dents**
to remove **enlever**	office hours **les heures de travail**	filling **le plombage**
to fill (*a cavity*) **plomber**	waiting room **la salle d'attente**	cavity **la carie; la cavité**
to contain **contenir**	dental technician **le mécanicien dentiste, la mécanicienne dentiste**	crown **la couronne**
to extract **extraire**	dentist's chair **la chaise du/de la dentiste**	brace **l'appareil dentaire** (*m.*)
to straighten (*teeth*) **rectifier**	patient **le/la malade**	sickness **la maladie**
to give an injection **faire une piqûre**	mouth **la bouche**	local anesthetic **la piqûre anesthésique**
to break **casser**		X-ray **la radiographie**
to inflict pain (to) **faire mal (à)**		diagnosis **le diagnostic**
to take **prendre**		wax **la cire**

36 Chez la dentiste

Analyse de l'illustration

1. Qui sont les deux personnes sur le dessin?
2. Quelles sont, à votre avis, les heures de travail de ce cabinet dentaire?
3. Décrivez l'expression sur la figure du jeune patient?
4. Que contient le gobelet de papier à côté du patient ou qu'est-ce qu'il peut contenir?   À quoi sert-il?
5. Où sont les bras du patient?
6. Qu'est-ce qui se passe dans la salle d'attente que nous ne pouvons pas voir?

Points de départ

7. Combien de dents a-t-on normalement sans compter les dents de sagesse?
8. Quand est-il nécessaire de porter un dentier?
9. À quoi servent les appareils dentaires?
10. À quoi servent les impressions de cire?
11. Un dentiste soigne les caries.   Que fait-il encore?
12. Quand emploie-t-on une brosse à dents et du dentifrice?   Dans quel but?
13. Quand est-ce que le dentiste extrait une dent?
14. Quand est-ce que le dentiste doit faire une piqûre anesthésique?
15. On prend des radiographies pour faire un diagnostic.   Qu'est-ce que cela veut dire?
16. Quand est-ce qu'il faut une couronne?
17. Pourquoi est-il important de prendre soin de ses dents?
18. Combien de fois devrait-on aller chez le dentiste?
19. Pourquoi aimez-vous (ou n'aimez-vous pas) aller chez le dentiste?
20. Pourquoi aimeriez-vous (ou n'aimeriez-vous pas) être dentiste?

Sujets de discussion

1. Comment prendre soin de ses dents.
2. Une visite chez le dentiste.
3. Ce qui s'est passé dans la salle d'attente.

impression	l'impression (f.)	paper cup	le gobelet de papier	visit, call	la visite
toothbrush	la brosse à dents	water	l'eau (f.)		
toothpaste	le dentifrice, la pâte dentifrice	arm	le bras		
		armrest	l'appui-bras (m.)	next to	à côté de

to persuade	**persuader, convaincre**	
to vote	**voter, donner sa voix (à)**	
to go on strike	**faire la grève, se mettre en grève**	
to give a speech	**faire un discours**	
to debate	**débattre, discuter**	
to plead	**plaider**	
to preach	**prêcher**	
to listen	**écouter**	
to speak (to)	**s'adresser à**	
to agree	**être du même (de son, de leur) avis, être d'accord**	
to disagree	**être en désaccord (avec)**	
to sway	**influencer, gouverner**	
to assure	**assurer**	
to carry	**porter**	
to work	**travailler**	
to feel	**sentir**	
to depict	**représenter, décrire**	
to try	**essayer**	
to be alike	**se ressembler**	
policeman	**l'agent (de police)** (m.)	
election	**l'élection** (f.)	
voting booth	**l'isoloir** (m.)	
voting machine	**la machine à voter**	
curtain	**le rideau**	
privacy	**l'isolement** (m.), **la solitude**	
in private	**en privé**	
worker	**l'ouvrier** (m.), **l'ouvrière** (f.)	
factory	**l'usine** (f.)	
union (of workers)	**le syndicat**	
sign	**l'affiche** (f.), **la pancarte**	
subject (of argument)	**l'objet** (m.)	
student	**l'étudiant** (m.), **l'étudiante** (f.)	
student leader	**le représentant officiel (la représentante officielle) des étudiants; le délégué, la déléguée**	
speech	**le discours**	
freedom of speech	**le franc-parler**	
debate	**le débat**	
speaker	**l'orateur** (m.), **l'oratrice** (f.)	
microphone	**le micro**	
politician	**le politicien, l'homme** (m.) **politique; la politicienne, la femme politique**	
(political) party	**la parti (politique)**	
right (privilege)	**le droit, le privilège**	
ballot box	**l'urne** (f.)	
secret ballot	**le scrutin secret**	
(written) ballot	**le bulletin de vote**	
judge	**le juge** (no f.: **Elle est juge**)	
district attorney	**le procureur de la république**	
lawyer, attorney	**l'avocat** (m.), **l'avocate** (f.)	
courtroom	**la cour**	
jury	**le jury**	
robe	**la robe**	
clergymen	**le prêtre, la prêtresse**	
sermon	**le sermon**	
pulpit	**la chaire**	
congregation	**la congrégation**	
assembly	**l'assemblée** (f.)	
audience	**l'audience** (f.), **le public**	
meeting	**la réunion**	
building	**le bâtiment**	
side	**le côté**	
fence	**la clôture**	
action	**la scène**	
drawback	**l'inconvénient** (m.)	

37 L'Art de persuader

Analyse de l'illustration

1. Pourquoi est-ce que l'isoloir a des rideaux?
2. Qu'est-ce qu'il y a de l'autre côté de la clôture?
3. Pourquoi l'ouvrier porte-t-il une pancarte?
4. Qu'est-ce qui nous fait penser que le dessin de droite représente une réunion d'étudiants sur le campus d'une université?
5. Que fait le représentant officiel des étudiants? Est-ce que les étudiants ont l'air d'être de son avis?
6. Pourquoi les étudiants semblent-ils ne pas être d'accord avec leur représentant?
7. Chacun a un micro, mais quelle est la différence entre le discours de la femme politique et celui du représentant officiel des étudiants?
8. Avec qui l'avocat plaide-t-il? Où la scène a-t-elle lieu?
9. Quelles sont les personnes qui portent des robes?
10. Pourquoi y a-t-il un agent de police sur le dessin de l'isoloir?
11. D'où le prêtre prêche-t-il et à qui s'adresse-t-il?

Points de départ

12. Quels sont les deux partis politiques pour lesquels le peuple américain doit voter en général pendant les élections?
13. Qu'est-ce qu'un syndicat?
14. Que veut dire «faire la grève»?
15. La femme dans l'isoloir et l'homme qui porte la pancarte ont tous les deux voté. En faveur de quoi chacun a-t-il voté?
16. Quelle est la différence entre ces trois mots: assemblée, audience, congrégation?
17. Quelle est la différence entre «prêcher» et «discuter», ou entre un «sermon» et un «discours»?
18. Quels sont les points communs entre un prêtre (une prêtresse), un politicien (une politicienne) et un avocat (une avocate)?
19. Choisissez un des orateurs (ou l'oratrice) de l'illustration et dites-nous de quoi il (elle) veut persuader son audience.
20. Essayez de persuader les ouvriers de ne pas faire la grève.

Sujets de discussion

1. Le franc-parler.
2. L'art de persuader.
3. Un débat.

---

on strike **en grève**
democratic **démocratique, démocrate**
republican **républicain**
relative **relatif, relative**
extemporaneous **improvisé**
to the right **à droite, de droite**
in favor of **en faveur de**

to argue (over)	se disputer (à propos de)
to arrest	arrêter
to sit	être assis(e)
to speak	parler
to go (to)	se rendre (à)
to receive	recevoir
to send out (*message*)	transmettre
to issue	donner
to drive	conduire
to drive through	passer par
to be suited for	avoir les qualités requises pour
to be interested in	s'intéresser à
to go on strike	faire la grève
to book (*draw up a report*)	dresser procès-verbal
to shoot at	tirer sur
to shoot someone dead	tuer quelqu'un d'un coup de révolver
to call the police	appeler la police
to settle a dispute	arranger les choses
to stand (sit) with one's back to...	tourner le dos à
to be about to	être sur le point de
to regard	considérer
to injure	blesser
to leave	quitter
to park	stationner
police	la police
police station	le commissariat
police officer	l'agent (*m.*) (de police), la femme agent
police car	la voiture de police
traffic police	la gendarmerie, la police de la route
in civilian clothes	en civil
handcuffs	les menottes
police uniform	l'uniforme (*f.*) de police
(uniform) hat	le képi
right to strike	le droit de grève
hip	la hanche
on the hip	sur la hanche
pistol	le révolver
holster	l'étui (*m.*) à révolver
shirt	la chemise
computer	l'ordinateur (*m.*)
police message	le message de police
police central dispatch	le commissariat central
wanted by the police	recherché par la police
description of wanted criminal	la description de criminel(le)
search	la perquisition
red light	le feu rouge
traffic violation	l'offense (*f.*) du code de la route
fine	l'amende (*f.*)
traffic ticket	la contravention
for speeding	pour excès de vitesse
speed limit	la vitesse maximum
state or federal employee, civil servant	le/la fonctionnaire

38 Le Commissariat

Analyse de l'illustration

1. Décrivez les personnes sur le dessin supérieur qui ne sont pas agents de police.
2. À propos de quoi se disputent les deux personnes qui ne portent pas d'uniforme?
3. Qu'est-ce qui pend sur le mur de droite du commissariat?
4. Décrivez l'agent de police qui se trouve près des deux personnes en civil.
5. Pensez-vous que cet agent s'intéresse à la querelle?   Pourquoi?   Pourquoi pas?
6. Que fait la femme agent de police dans l'illustration supérieure?   Expliquez en détail.
7. Que fait l'agent à droite qui nous tourne le dos?
8. Décrivez ce que vous voyez sur le mur de gauche dans l'illustration supérieure.
9. Pourquoi croyez-vous que la gendarmerie ait arrêté la femme?
10. L'agent de police qui parle à l'homme assis dans l'auto, qu'est-il sur le point de faire?
11. Où voyez-vous un autre agent dans le dessin inférieur?   Qu'est-ce qu'il fait?
12. Pourquoi croyez-vous que l'agent qui a arrêté l'homme ne soit pas le conducteur de la voiture de police?

Points de départ

13. Décrivez une querelle que vous avez eue avec une autre personne.
14. Voudriez-vous être agent de police?   Pourquoi (pas)?
15. Est-ce que la limite de vitesse devrait exister sur les autoroutes?   Pourquoi (pas)?
16. Est-ce que les femmes ont les qualités requises pour devenir agent de police?   Pourquoi (pas)?
17. Est-ce que la police devrait avoir le droit de grève?   Pourquoi (pas)?
18. Pour quelle offense du code de la route l'amende est-elle la moindre?
19. Quelle offense du code de la route est considérée un crime?
20. Quelle offense du code de la route est souvent la cause d'accidents?

Sujets de discussion

1. Les femmes dans la police.
2. Un accident dont j'ai été la cause.
3. La gendarmerie et ses devoirs.

---

pay, remuneration	**la rémunération**	debt	**la dette**	city map	**le plan de ville**
driver	**le conducteur, la conductrice**	rent (*apartment*)	**le loyer**		
crime	**le crime**	bill (*invoice*)	**la facture**	the lowest	**la moindre**
highway	**l'autoroute** (*f.*)	accident	**l'accident** (*m.*)	upper	**supérieur**
no parking	**défense de stationner**	scene, place	**l'endroit** (*m.*)	lower	**inférieur**
quarrel	**la querelle**				

to advertise *(in general)* **annoncer, faire de la réclame, faire de la publicité**	placard, poster **l'affiche** *(f.)*, **la pancarte**	(radio) announcer **le commentateur, la commentatrice (à la radio); le speaker, la speakerine**
to advertise *(in classified ads)* **annoncer, mettre une annonce**	billboard **le panneau d'affichage** *(m.)*, **le panneau-réclame**	script **le script, le texte**
to spend *(money)* **dépenser**	highway **la route nationale**	television **la télévision, la télé**
to offer **offrir**	edge **la bordure**	television set **le poste de télévision**
to qualify **être qualifié, avoir les qualifications nécessaires**	bordering on **en bordure de**	(television) announcer **le commentateur, la commentatrice (à la télévision); le speaker, la speakerine**
"to pay" **rapporter**	hotel **l'hôtel** *(m.)*	
to translate **traduire**	newspaper **le journal**	
to invent **inventer**	situation-wanted ad **la demande d'emploi** *(m.)*	television commercial **la réclame de télévision**
to place **placer, mettre**	help-wanted ad **l'offre** *(f.)* **d'emploi**	product **le produit**
to assure, control **assurer**	position, job **le poste, l'emploi** *(m.)*, **la situation**	magazine **la revue**
to maintain **tenir**		full page **la page entière**
to look for, seek **rechercher (rech.)**	computer **l'ordinateur** *(m.)*	end **la fin**
to fill, carry out **remplir**	data processing, computer science **l'informatique** *(f.)*	bus **l'autobus** *(m.)*
to forward **transmettre**		slogan **le slogan**
to lodge, put up **loger**	pay, payroll **la paye**	
	typist **le/la dactylo**	data-processed, computerized **informatisé**
advertisement **l'annonce** *(f.)*, **la réclame;** classified ads **les petites annonces**	accounting assistant **l'aide-comptable** *(m., f.)*	effective **efficace**
	invoicing, billing **la facturation**	except, excepting **sauf, excepté**
advertising **la publicité, la réclame**	account **le compte**	advertising *(adj.)* **publicitaire, de publicité**
advertiser **l'annonceur** *(m.)*	salary expectation **la prétention**	
	radio **la radio, la T.S.F.**	in regard to **par rapport à, au point de vue de**

39 La Publicité

Analyse de l'illustration

1. Pourquoi la route nationale est-elle (n'est-elle pas) un bon endroit pour mettre des panneaux d'affichage comme celui que vous voyez sur le dessin?
2. Traduisez les offres d'emploi.
3. Pour quelle situation offerte ici pensez-vous avoir les qualifications nécessaires et pourquoi?
4. Décrivez l'annonce dans la revue.
5. Inventez la fin de la réclame sur l'autobus.
6. Inventez une réclame pour le produit présenté à la télévision.
7. Imaginez ce que la speakerine est en train de lire au micro.
8. Inventez la publicité sur le panneau-réclame en bordure de la route.
9. Pourquoi le panneau d'affichage est-il mal placé par rapport à la route nationale?

Points de départ

10. Tous les journaux ont des petites annonces.   Qu'est-ce qu'une offre d'emploi?
11. Inventez l'annonce d'un emploi que vous croyez pouvoir remplir.
12. Qu'est-ce qu'un script?
13. Qu'est-ce qu'une réclame de télévision?
14. Nommez différentes façons de faire de la publicité pour un produit.
15. Pourquoi paraît-il plus difficile d'être speaker à la télévision qu'à la radio?
16. «Ça rapporte de faire de la publicité».   Expliquez.
17. Pourquoi est-ce une bonne idée de mettre des affiches publicitaires dans les autobus?
18. En général, comment l'annonceur peut-il savoir si une réclame est efficace ou pas efficace?
19. Une des façons de faire de la réclame est le slogan publicitaire.   Traduisez en français quelques slogans publicitaires américains bien connus.
20. Pour quel genre de produits fait-on le plus souvent de la publicité à la télévision?

Sujets de discussion

1. Inventez une page entière de publicité pour un produit dans une revue.
2. L'importance de la publicité.
3. Dans beaucoup de pays les panneaux d'affichage sur les routes nationales sont très importants au point de vue publicité.   Donnez les raisons pour et contre ce genre de publicité.

to type **écrire à la machine**	salesman, saleswoman *(in a store)* **le vendeur, la vendeuse**	typist **le/la dactylo**
to dictate **dicter**	company representative **le représantant/la représentante**	typing **la dactylographie**
to take dictation **prendre une dictée**	sales manager **le directeur commercial/la directrice commerciale**	stenographer **le/la sténographe**
to photocopy **faire une photocopie**	sale, sales, selling **la vente, les ventes**	shorthand **la sténographie**
to press **pousser**	salesmanship **l'art** *(m.)* **de vendre, l'art de la vente**	typing and shorthand **la sténo-dactylographie**
to influence **influencer**	company, firm **la compagnie**	dictation **la dictée**
to identify **identifier**	employee **l'employé** *(m.)*, **l'employée** *(f.)*	dictating machine, "dictaphone" **le dictaphone**
to persuade **persuader, convaincre**	office work **le travail de bureau**	file, folder **le dossier**
to sell **vendre**	office worker **l'employé(e) de bureau**	filing cabinet **le classeur**
to promote *(sales)* **promouvoir**	file clerk **l'employé(e) au fichier**	card-index file **le fichier**
to get out **sortir**	secretary **le/la secrétaire**	report **le rapport**
to get along well (with) **s'entendre (avec)**	computer operator **l'opérateur/l'opératrice de l'ordinateur** *(m.)*	photocopy **la photocopie**
to file **classer**	computer **l'ordinateur** *(m.)*	desk **le bureau**
to store **garder, tenir**	screen **l'écran** *(m.)*	drawer (of a desk) **le tiroir**
to export **exporter**	computer science, data processing **l'informatique** *(f.)*	wastebasket **la corbeille à papier**
to import **importer**	office machine **la machine de bureau**	button **le bouton**
business office **le bureau**	typewriter **la machine à écrire**	market **le débouché**
businessman **l'homme d'affaires**		product **le produit**
businesswoman **la femme d'affaires**		map **la carte**
business executive **le directeur/la directrice; le gérant/la gérante**		map of the world **la mappemonde**
boss **le patron/la patronne**		customer **le client, la cliente**
		contract **le contrat**

40 Au bureau

Analyse de l'illustration

1. Quels continents pouvez-vous identifier sur la carte?
2. À quoi sert la machine qui se trouve sous la carte?
3. Que fait la directrice dans le bureau à l'arrière-plan?
4. Que fait la secrétaire?
5. Où se trouve la corbeille à papier?
6. Où peut-on garder les dossiers ou les rapports?
7. Qu'est-ce qui se passe quand l'opérateur (l'opératrice) de l'ordinateur pousse des boutons?
8. L'homme qui est en train de sortir est directeur commercial de cette companie.   Pourquoi sort-il et où va-t-il?
9. Où peuvent bien être les autres employés de bureau?
10. Pourquoi une mappemonde se trouve-t-elle sur le mur du bureau?

Points de départ

11. Quelles sont les heures de travail de beaucoup d'employés de bureau?
12. Expliquez la différence entre une dactylo et une secrétaire?
13. Quels autres genres d'employés y a-t-il dans les bureaux?
14. L'ordinateur épargne du travail.   Comment?
15. Qu'est-ce que c'est qu'un secrétaire bilingue?
16. Pourquoi le français — langue et coutumes — est-il utile à l'étudiant(e) de gestion et administration?
17. Qu'est-ce que c'est qu'un(e) client(e)?   Qu'est-ce que c'est qu'une facture?
18. Nommez un bon débouché pour des livres comme celui-ci?
19. Expliquez ce que c'est que l'art de vendre.
20. Que veut dire «la libre entreprise»?

Thèmes de discussion

1. L'homme ou la femme d'affaires.
2. Le travail de bureau.
3. Ce que les employés de bureau font quand le patron est sorti.

---

invoice   **la factur**
working hours   **les heures de travail**
(foreign) language   **la langue (étrangère)**
custom   **la coutume**
foreign trade   **le commerce international**
Asia   **l'Asie** (f.)
Africa   **l'Afrique** (f.)
Australia   **l'Australie** (f.)
Europe   **l'Europe** (f.)
export   **l'exportation** (f.)
import   **l'importation** (f.)
advertising   **la réclame**
sales promotion   **la promotion des ventes**
business administration (field of study)   **la gestion et administration**
management   **la direction**
free enterprise   **la libre entreprise**
bilingual   **bilingue**
useful   **utile**

to publish **publier**	journalism **le journalisme**	press **la presse**
to manage **diriger**	reporter **le reporter**	copy boy **le garçon de bureau**
to cover, report **faire le reportage (de)**	editor **le rédacteur/la rédactrice**	story **l'histoire** *(f.)*
to edit **éditer, rédiger**	city editor **l'éditorialiste des nouvelles locales** *(m.)*	news **les nouvelles** *(f. pl.)*, **les informations** *f. pl.)*, **les actualités** *(f. pl.)*
to correct **corriger**	editor-in-chief **le rédacteur/la rédactrice en chef**	news item **le fait divers, le sujet d'une nouvelle**
to type **taper à la machine**	foreign language **la langue étrangère**	dispatch **la dépêche; l'envoi** *(m.)*, **l'expédition** *(f.)*
to telephone **téléphoner, être au téléphone**	reader **le lecteur, la lectrice**	advertising **la publicité**
to carry on *(job)* **exercer, travailler**	columnist **le collaborateur régulier d'un journal**	editorial **l'éditorial** *(m.)*
to depict **représenter, décrire**	interview **l'entrevue** *(f.)*, **l'interview** *(f.)*	criticism, review **la critique**
editorial room, newspaper office **le bureau de rédaction**	foreign correspondent **le correspondent étranger/la correspondente étrangère**	front page **la première page**
telephone **le téléphone**		women's page **la page féminine**
teletype **le téléscripteur**	qualification **l'aptitude** *(f.)*	society page **la rubrique mondaine**
typewriter **la machine à écrire**	sports **les sports** *(m. pl.)*	magazine **le magazine, la revue**
eyeshade **la visière**	sports writer **le chroniqueur sportif**	comics **les bandes dessinées, les dessins comiques**
photograph **la photo, la photographie**	correspondent **le correspondant/la correspondante**	job, profession **le métier**
office **le bureau**	proofreader **le correcteur**	part **la section**
boss **le chef; le patron, la patronne**	headline **l'en-tête** *(m.)*, **le gros titre, la manchette**	opinion **l'opinion** *(f.)*
newspaper **le journal**		envelope **l'enveloppe** *(f.)*
newspaperman **le journaliste**		event **l'événement** *(m.)*
newspaper woman **la journaliste**		

41 Le Bureau de rédaction

Analyse de l'illustration

1. Que font les deux journalistes à l'arrière-plan?
2. Que font les deux journalistes à gauche?
3. Que fait l'homme qui porte une visière?
4. Décrivez l'homme qui est au téléphone.
5. Où est le garçon de bureau, et que fait-il?
6. Comment savons-nous que l'illustration représente un bureau de rédaction?

Points de départ

7. Qui écrit les nouvelles locales?
8. Qui fait la chronique des sports?
9. Quelle est la différence entre un reporter et un rédacteur?
10. Qu'est-ce qu'un correcteur?
11. Qui est le chef des journalistes dans cette rédaction?
12. Sur quelle page trouve-t-on les en-têtes du journal?
13. Qu'est-ce qu'un éditorial?
14. Un journaliste ne pourrait pas exercer son métier sans sa machine à écrire et son téléphone. Expliquez cette phrase.
15. Lisez-vous le journal tous les jours? Si non, pourquoi pas? Si oui, quel journal lisez-vous, et qu'en pensez-vous? Expliquez votre opinion.
16. Quelle est la différence entre un journal et un magazine?
17. Quelles sont les sections d'un journal américain?
18. Quelles parties du journal lisez-vous et quelles parties ne lisez-vous pas? Expliquez.
19. Quels sont les lecteurs et lectrices de ce livre?
20. Qui fait le reportage d'événements étrangers? Quelles sont les aptitudes requises?

Sujets de discussion

1. Un fait divers pour un journal.
2. Une entrevue avec . . .
3. L'éditorial que j'aime lire le plus.

---

mistake	l'erreur (f.)	foreign	étranger, étrangère	world (adj.)	mondial
whole	l'ensemble (m.)	required	requis	only	seulement

to employ **employer**	to define **définir**	data, facts, information **les données**
to become self-employed **s'établir à son compte**	to draw up **préparer**	part-time work **le travail à mi-temps**
to be self-employed **travailler à son compte**	to ask someone questions **poser des questions à quelqu'un**	moonlighting, extra work **le deuxième emploi**
to earn **gagner**	employment agency, placement bureau **le bureau de placement**	major (course of study) **la spécialité**
to earn one's living **gagner sa vie**	recruiter, placement agent **l'agent** (*m.*) **de placement**	career **la carrière**
to look for, seek **chercher**	employment, job **l'emploi** (*m.*), **le métier**	classified ads **les petites annonces**
to offer **offrir**	employer **l'employeur** (*m.*), **l'employeuse** (*f.*)	want ad **l'annonce** (*f.*), **l'offre** (*f.*) **d'emploi** (*m.*)
to register (with, at) **s'inscrire (à)**	boss **le patron/la patronne**	newspaper **le journal**
to start (*a new job*) **commencer**	employee **l'employé** (*m.*), **l'employée** (*f.*)	sales department **le service des ventes**
to expect **s'attendre à**	company, firm **la société**	sales clerk **le vendeur, la vendeuse**
to undertake, do (*work*) **se charger de faire**	work **le travail**	sales representative **le représentant, la représentante**
to be found **se trouver**	candidate **le candidat/la candidate**	foreign department **le service international**
to graduate (*from college, university*) **obtenir ses diplômes, obtenir sa licence**	interview **l'interview** (*f.*)	goal, plan **le plan, le but**
to enter a career **commencer une carrière**	résumé, dossier **le curriculum vitae**	success **le succès**
to look (at) **regarder**	salary **le salaire**	waiting room **la salle d'attente**
to name **nommer**		desk **le bureau**
		notebook **le carnet**

42 Le Bureau de placement

Analyse de l'illustration

1. Quels objets voyez-vous sur le bureau?
2. Pensez-vous que le monsieur qui nous regarde est un candidat ou un employé?   Pourquoi?
3. Que font les candidats (candidates) dans la salle d'attente?
4. De quoi discutent la dame et le monsieur au premier plan?

Points de départ

5. Expliquez ce qu'est un bureau de placement.
6. Qu'est-ce que c'est qu'une annonce «offre d'emploi»?
7. Quand serez-vous prêt (prête) à commencer l'emploi?
8. Quelle est votre spécialité?
9. Quel genre de travail chercherez-vous lorsque vous aurez obtenu vos diplômes?
10. À quel salaire vous attendez-vous au début?
11. Quelles sont vos aptitudes pour le service international?
12. Pourquoi (ne) voulez-vous (pas) travailler à l'étranger?
13. Quel travail à mi-temps avez-vous eu jusqu'à présent?
14. Pourquoi tant de gens doivent-ils prendre un deuxième emploi?
15. Qu'est-ce que c'est qu'une interview?
16. Pourquoi (ne) vous êtes-vous (pas) inscrit(e) au bureau de placement de votre école ou de votre université?
17. Quelles données devraient se trouver dans un curriculum vitae?
18. Quels sont vos plans pour l'avenir?
19. Quelle est votre définition de «succès»?
20. Pourquoi voulez-vous (ne voulez-vous pas) travailler à votre compte?

Sujets de discussion

1. Un métier que je sais faire.
2. Comment préparer un curriculum vitae.
3. Mes plans pour l'avenir.

---

memo pad	**le bloc (de papier)**	filing case, filing box	**le fichier**	future	**l'avenir** (*m.*)
ring binder	**le classeur**	(ball-point) pen	**le stylo à bille, le bic**		
filing card	**la fiche**			till now	**jusqu'à présent**

to offer	**offrir**	
to perform, act, give *(a play)*		**jouer**
to applaud	**applaudir**	
to be expected	**être supposé**	
to marry	**épouser, se marier avec**	
to marry *(a couple)*	**marier**	
to do one's best	**faire de son mieux**	
to find	**trouver**	
to leave behind	**oublier**	
to leave *(go away)*	**quitter**	
to go up	**se lever** *(of a curtain)*	
to come down	**descendre, se baisser, tomber** *(of a theater curtain)*	
to reserve a seat	**louer une place**	
to tip	**donner un pourboire**	
to find it hard to	**avoir du mal à**	

play	**la pièce**
playwright	**l'auteur dramatique** *(m.)*
actor	**l'acteur** *(m.)*, **le comédien**
actress	**l'actrice** *(f.)*, **la comédienne**
role	**le rôle**
seat	**la place**
(theater) box	**la loge**
box seat	**le fauteuil de loge**
stage box	**l'avant-scène** *(f.)*, **la loge d'avant-scène**
row	**le rang, la rangée**
orchestra seat	**le fauteuil d'orchestre**
balcony seat	**le fauteuil de balcon**
aisle	**l'allée** *(f.)*
curtain	**le rideau**
backstage	**les coulisses** *(f. pl.)*
stage, scene	**la scène**
location *(as of seat in the theater)*	**l'endroit** *(m.)*
usher	**l'ouvreur** *(m.)*
usherette	**l'ouvreuse** *(f.)*
custom	**la coutume**
box office, ticket window	**le guichet, le bureau de location**
ticket	**le ticket, le billet**
lobby *(theater)*	**l'entrée** *(f.)*
foyer *(theater)*	**le foyer**
audience	**le public**
intermission	**l'entracte** *(m.)*
opening night	**la première**
act	**l'acte** *(m.)*
work *(of painter, etc.)*	**l'œuvre** *(f.)*
success	**le succès**
failure *(flop)*	**le fiasco, le four**
emergency exit	**la sortie de secours**
wedding	**le mariage, la noce**
priest	**le prêtre**
minister, pastor	**le pasteur**
rabbi	**le rabbin**
church	**l'église** *(f.)*
temple	**le temple**
altar	**l'autel** *(m.)*
pew	**le banc d'église** *(f.)*
congregation	**la congrégation**
bride	**la mariée, la fiancée**
groom	**le marié, le fiancé**
couple	**le couple**
wedding ring	**l'alliance** *(f.)*
finger	**le doigt**
university, college	**l'université** *(f.)*
United States	**les États-Unis**
ring	**la bague**
ring finger	**l'annulaire** *(m.)*
honeymoon	**la lune de miel**
trip	**le voyage**

43 Le Théâtre

Analyse de l'illustration

1. Qui a du mal à voir la scène, et pourquoi?
2. Combien de loges pouvez-vous voir et où?
3. Décrivez le monsieur qui est en train de quitter le théâtre.
4. D'après le dessin, quel genre de scène joue-t-on?
5. Quels rôles les acteurs sont-ils en train de jouer sur la scène?
6. Est-ce que le mariage sur la scène est catholique, protestant, juif ou civil?   Expliquez.
7. Où se trouve la sortie de secours du théâtre?

Points de départ

8. Où peut-on acheter des billets de théâtre?
9. Quel genre de places peut-on louer et où se trouvent-elles?
10. Comment trouve-t-on sa place?
11. Quand est-ce que le rideau se lève?   Quand tombe-t-il?
12. Que peut-on faire pendant l'entracte?
13. Comment un auteur dramatique peut-il savoir si la première de son œuvre est un succès ou un fiasco?
14. Qu'est-ce qu'une lune de miel?
15. Le marié donne une alliance à la mariée (et peut-être qu'elle lui en donne une aussi).   À quel doigt et à quelle main met-on l'alliance aux États-Unis?
16. Que se passerait-il si le jour du mariage le marié oubliait la bague de sa fiancée?
17. Quel genre de problèmes un couple de jeunes mariés est-il susceptible d'avoir?
18. Que préférez-vous: un mariage civil ou ecclésiastique?   Expliquez.
19. En Europe on est souvent supposé de donner un pourboire à l'ouvreur ou à l'ouvreuse.   Que pensez-vous de cette coutume?
20. Croyez-vous que dans ce théâtre les fauteuils de loges offrent la meilleure vue?

Sujets de discussion

1. La pièce que j'ai vue récemment.
2. Le théâtre aux universités des États-Unis.
3. Description d'un théâtre.

Catholic **catholique**	perhaps **peut-être**	recently **récemment**
Protestant **protestant**	civil **civil**	likely to (+ *inf.*) **susceptible de** (+ *inf.*)
Jewish **juif** (*m.*), **juive** (*f.*)	church (*adj.*) **ecclésiastique**	

to play (*music*)	**jouer, faire de la musique**; to play (*an instrument*) **jouer de**	
to conduct	**diriger**	
to sing	**chanter**	
to accompany	**accompagner**	
to listen (to)	**écouter**	
to make use of	**faire usage de**	
to belong to, be a part of	**faire partie de**	
to be missing	**manquer**	
to take off, remove	**enlever**	
to wear	**porter**	
to depict	**représenter**	
to adapt (to), adjust oneself (to)	**s'adapter (à)**	
symphony orchestra	**l'orchestre** (*m.*) **symphonique**	
opera	**l'opéra** (*m.*)	
symphony	**la symphonie**	
chamber music	**la musique de chambre**	
musician	**le musicien, la musicienne**	
soloist	**le/la soliste**	
singer	**le chanteur, la cantatrice**	
accompaniment	**l'accompagnement** (*m.*)	
conductor	**le chef d'orchestre**	
composer	**le compositeur, la compositrice**	
composition, (musical) piece	**la composition musicale**	
baton	**le bâton**	
theater	**le théâtre**	
audience	**les auditeurs/auditrices** (*music*); **les spectateurs** (*theater*)	
row	**la rangée**	
member	**le membre**	
(music) stand	**le pupitre (à musique)**	
note	**la note**	
musical score	**la partition**	
(article of) clothes	**le vêtement**	
melody	**la mélodie**	
harmony	**l'harmonie** (*f.*)	
rhythm	**le rhythme**	
motif, theme	**le motif, le thème**	
movement (*of a symphony*)	**le mouvement**	
overture	**l'ouverture** (*f.*)	
prelude	**le prélude**	
fugue	**la fugue**	
piano	**le piano**	
grand piano	**le piano à queue**	
wind instrument	**l'instrument** (*m.*) **à vent**	
flute	**la flûte**	
oboe	**le hautbois**	
bassoon	**la basse**	
horn	**le cornet**	
trumpet	**la trompette**	
trombone	**le trombone**	
clarinet	**la clarinette**	
tuba	**le tuba**	
string instrument	**l'instrument à cordes**	
string, cord	**la corde**	
bow	**l'archet** (*m.*)	
violin	**le violon**	
violoncello	**le violoncelle**	
viola	**la viole**	
harp	**la harpe**	
lyre	**la lyre**	

44 L'Orchestre symphonique

Analyse de l'illustration

1. Combien de membres de l'orchestre sont visibles?
2. Combien d'instruments à vent pouvez-vous identifier et lesquels sont-ils?
3. Où sont les musiciens qui jouent des instruments à cordes? Et ceux qui jouent des instruments de percussion?
4. Quels sont les instruments de musique représentés sur ce dessin?
5. Que fait le chef d'orchestre avec ses mains?
6. De quels instruments jouent les femmes sur ce dessin?
7. Quels instruments, qui généralement font partie d'un orchestre symphonique, manquent sur ce dessin?
8. Comment les membres de l'orchestre se servent-ils du pupitre à musique?
9. Qui écoute la musique?

Points de départ

10. Qu'est-ce que cela veut dire si le chef d'orchestre n'a pas de pupitre ou ne s'en sert pas?
11. Si vous étiez musicien dans un orchestre symphonique, quel instrument aimeriez-vous jouer?
12. Avec quoi joue-t-on du violon? des timbales?
13. En général, combien de mouvements y a-t-il dans une symphonie?
14. Expliquez la différence entre un opéra et une symphonie.
15. Expliquez ce qu'est l'ouverture ou le prélude d'un opéra.
16. Plusieurs Français étaient de grands musiciens ou compositeurs. Nommez-en au moins un.
17. Expliquez la différence entre un orchestre symphonique et un orchestre de musique de chambre.
18. Quels sont, à votre avis, les attributs les plus importants pour un bon chef d'orchestre symphonique?
19. Quels sont les instruments d'un orchestre symphonique qui peuvent aussi s'adapter à la musique populaire ou au jazz?
20. Un des instruments les plus connus manque sur ce dessin. Lequel et qu'en savez-vous?

Sujets de discussion

1. Le genre de musique qui me plaît le plus.
2. L'instrument dont je sais jouer.
3. Racontez-nous la vie d'un des musiciens de la troisième rangée sur ce dessin.

---

percussion instrument **l'instrument de percussion**
drum **le tambour**
kettledrum **la timbale**
drumstick **la baguette**
cymbal **le cymbale**
shoe **le soulier, la chaussure**

life **la vie**
quality **l'attribut** (*m.*), **la qualité**

slow(ly) **lent (lentement), doux (doucement)**
moderately slow(ly) **lent et modéré**
brisk(ly); with cheer **vif**

lively; with animation **animé**
loud(ly); with power **fort, avec puissance**
by heart **par cœur, de mémoire**
while **entre-temps, pendant**
encore **bis** (*adv.*)

to work for oneself **travailler à son compte**	job **l'emploi** (m.), **le travail**	shoe **la chaussure, le soulier**
to saw **scier**	work **le travail**	shoemaker **le cordonnier**
to sew **coudre**	experience **l'expérience** (f.)	carpenter **le menuisier**
to deliver to **remettre à; livrer à**	worker, wage earner **l'ouvrier** (m.), **l'ouvrière** (f.)	saw **la scie**
to build **bâtir**	craftsman **l'artisan** (m.)	board (piece of lumber) **la planche**
to repair **réparer**	craftswoman **l'artisane** (f.)	seamstress **la couturière**
to paint **peindre**	employer, boss **le patron, l'employeur** (m.); **la patronne, l'employeuse**	needle **l'aiguille** (f.)
to cut, carve **couper, découper**		thread **le fil**
to cook **préparer, apprêter; faire la cuisine**	employee **l'employé** (m.), **l'employée** (f.)	cloth, fabric **l'étoffe** (f.), **le tissu**
to stir **remuer**	working class **la classe ouvrière**	sewing machine **la machine à coudre**
to wear **porter**	wages **la paye**	overalls **la salopette, la combinaison**
to employ **employer**	salary, stipend **le salaire, les appointements**	paint **la peinture**
to earn **gagner**		(house)painter **le peintre (en bâtiment[s]), la femme peintre (en bâtiment[s])**
to deduct **déduire; soustraire**	social security **les assurances** (f.) **sociales**	
to surmise **soupçonner**		paint brush **le pinceau**
to lack **manquer de**	withholding tax **l'impôt** (m.) **sur le revenu**	ladder **l'échelle** (f.)
to take care (of) **prendre garde (à)**		meat **la viande**
to do (a job) **exercer**	overtime **les heures supplémentaires** (f. pl.)	butcher **le boucher**
to mend **raccommoder**		knife **le couteau**
to dismiss **renvoyer**	profession **la profession**	cook **le cuisinier, la cuisinière**
	tool **l'outil** (m.), **l'instrument** (m.)	pot **le pot, la marmite**
trade **le métier**		ladle **la louche**
		apron **le tablier**

45 Les Métiers

Analyse de l'illustration

1. De quel outil se sert le menuisier?   Que fait-il?
2. Qu'est-ce que le menuisier tient dans la main gauche?
3. Que fait la couturière?   De quel instrument se sert-elle?
4. Que fait le boucher?
5. Que fait le cuisinier?
6. De tous les gens sur ce dessin, lesquels portent des tabliers?
7. Qui est chauve ou presque chauve?
8. Qu'est-ce que le cordonnier, le menuisier et la femme peintre tiennent dans la main droite?
9. Comment savez-vous que le boucher et le menuisier ne sont pas gauchers?
10. Lesquelles de ces six personnes travaillent à leur compte et lesquelles pour un patron ou une patronne?
11. Lequel de ces six métiers préféreriez-vous exercer?   Pourquoi?

Points de départ

12. Nommez un avantage et un désavantage de travailler à son compte.
13. Qu'est-ce que c'est qu'un menuisier?
14. Qu'est-ce qu'un boucher et un menuisier ont en commun?
15. De nos jours un cordonnier fait rarement des chaussures?   Que fait-il surtout?
16. Qui emploie les employé(e)s?
17. Expliquez la différence entre «une paye» et «un salaire».
18. Pendant combien d'heures travaille-t-on habituellement par jour et par semaine aux États-Unis.
19. Expliquez ce que sont «les heures supplémentaires».
20. Si toutes ces personnes étaient employées, l'une gagnerait davantage que les autres.   Expliquez.

Sujets de discussion

1. J'aime (je n'aime pas) travailler avec mes mains.
2. Comment faire la cuisine (ou raccommoder ou bâtir ou coudre).
3. Pourquoi le cuisinier (la cuisinière) a été renvoyé(e).

---

bald **chauve**	among **parmi**	during, for **pendant**
right-handed **droitier, droitière** (*adj. and noun*)	seldom **rarement**	per day (week) **par jour (semaine)**
	such **tel, telle**	more **davantage**
judging by **d'après**	nowadays **de nos jours**	

to build	**construire**
to be handy, have a hobby	**bricoler**
to hammer	**marteler, frapper à coups de marteau, enfoncer**
to saw	**scier**
to cut	**couper**
to screw	**visser**
to hang	**accrocher**
to chop	**hacher, couper en morceaux**
to drill (*a hole*)	**percer**
to turn	**tourner**
to hold	**tenir**
to level	**aplanir**
handyman	**le bricoleur**
handywoman	**la bricoleuse**
hobby	**le passe-temps**
workbench	**l'établi** (*m.*)
tool	**l'outil** (*m.*), **l'instrument** (*m.*)
lathe	**le tour**
vice	**l'étau** (*m.*)
hammer	**le marteau**
saw	**la scie**
hack saw	**la scie à métaux**
screw	**la vis**
screw driver	**le tournevis**
nail	**le clou**
plane	**le rabot**
wrench	**la clef anglaise**
pliers	**la tenaille** (*usually pl.*)
cutting pliers	**la pince coupante**
hatchet	**la hachette**
shears	**les grands ciseaux** (*m. pl.*); **les cisailles** (*f. pl.*) (*metal*)
wire	**le fil (de fer)**
chisel	**le ciseau**
level	**le niveau**
brace	**le vilebrequin**
bit	**la mèche**
crowbar	**le levier, la barre de fer**
sand paper	**le papier de verre, le papier-émeri**
T square	**le té à dessin**
nut	**l'écrou** (*m.*)
bolt	**le verrou**
metal	**le métal**
wood	**le bois**
hardwood	**le bois dur**
oak	**le chêne**
softwood	**le bois tendre**
pine	**le pin**
shavings (*of wood*)	**les copeaux** (*m. pl.*)
cabinet	**le placard**
glue	**la colle-forte**
oil can	**la burette**
size	**la taille, la dimension**
piece	**la pièce**
jar	**le bocal;** *pl.* **les bocaux**
hole	**le trou**
use	**l'usage** (*m.*), **l'emploi** (*m.*)
size	**la taille**
construction	**la construction**
useful	**utile**
useless	**inutile, d'aucune nécessité**
at the same time	**simultanément, en même temps**
first (*before anything else*)	**en premier**
last (*as the last thing*)	**en dernier**

46 Les Bricoleurs

Analyse de l'illustration

1. Qu'est-ce que l'homme et la femme sont en train de faire?
2. Qu'est-ce qu'il y a dans les bocaux?
3. Nommez les objets sur l'établi.
4. Quels sont les outils accrochés dans le placard?
5. Avec laquelle des deux scies l'homme sciera-t-il un morceau de métal?   Avec quel outil pourrait-il couper du fil?
6. Il y a un outil très utile qui n'est pas sur le dessin.   Qu'est-ce que c'est?
7. Dans la construction de la maison, quel instrument le bricoleur aurait-il utilisé en premier et en dernier: le rabot, la scie ou le papier de verre?
8. Sur le dessin, quels sont sans doute les instruments d'aucune nécessité pour construire ce que les bricoleurs sont en train de faire?
9. Est-ce que les bricoleurs ont utilisé le ciseau ou le rabot?   Comment le savez-vous?

Points de départ

10. Quel genre de bois est le plus facile à scier?
11. Que fait-on avec une hachette?
12. Qu'est-ce qu'un copeau?   Quels instruments font des copeaux?
13. Qu'est-ce que c'est qu'un bricoleur?
14. Que fait-on avec un étau?
15. De quel instrument se sert-on avec des vis?
16. Avec quel instrument enfonce-t-on des clous?
17. Que fait-on avec un vilebrequin et une mèche, et pourquoi y a-t-il plusieurs tailles de mèches?
18. Nommez un bois dur et un bois tendre.
19. Quel usage ont en commun une clef, des tenailles, un étau et un vilebrequin?   Un marteau et une hachette?   Un ciseau et un rabot?
20. Quel outil doit être tenu à deux mains simultanément?

Sujets de discussion

1. Comment construire . . .
2. Genres d'outils et leurs usages.
3. Mon passe-temps.

to make the bed	**faire le lit**	
to clean	**nettoyer**	
to wash	**laver**	
to do dishes	**faire la vaisselle**	
to dry	**sécher**	
to scrub	**frotter fort**	
to iron	**repasser**	
to sweep	**balayer**	
prepare (*food*)	**préparer**	
to cook	**faire la cuisine, cuisiner**	
to protect	**protéger**	
to dissolve	**dissoudre**	
to run (*of machines*)	**marcher**	
accomplish, carry through	**accomplir**	
to differ (from)	**différer (de)**	
to finish	**finir**	

home	**le foyer**
chore	**la corvée**
household chores	**les travaux ménagers** (*m. pl.*), **les corvées de ménage**
household	**la maison, le ménage**
housewife	**la ménagère**
servant, maid	**la bonne, le/la domestique, l'employé(e) de maison**
cleaning woman	**la femme de ménage, l'aide** (*f.*) **ménagère**
bed	**le lit**
sheet	**le drap**
mattress	**le matelas**
pillow	**l'oreiller** (*m.*)
pillowcase	**la taie**
blanket	**le couverture**
bedspread	**le couvre-lit**
dishes	**la vaisselle**
water	**l'eau** (*f.*)
trash, garbage	**les ordures** (*f., pl.*)
automatic dishwasher	**le lave-vaisselle**
draining rack (*for dishes*)	**l'égouttoir** (*m.*), **le séchoir à vaisselle**
plate	**l'assiette** (*f.*)
pot	**le pot, la marmite**
frying pan	**la poêle**
pan	**la casserole**
handle (*of a pan*)	**le manche**
sink	**l'évier** (*m.*)
garbage disposal	**le broyeur d'ordures**
grease	**la graisse**
soap	**le savon**
detergent	**le détersif**
glove	**le gant**
floor	**le plancher**
rug	**le tapis**
vacuum cleaner	**l'aspirateur** (*m.*)
broom	**le balai**
dustpan	**la pelle à ordures**
dusting brush	**la balayette**
bucket	**le seau**
brush	**la brosse**
wastebasket	**la corbeille à papier**
automatic clothes drier	**le sécheur**
wash	**le linge, la lessive**
underwear	**les sous-vêtements** (*m. pl.*)
clothesline	**l'étendoir** (*m.*)
garbage can	**la boîte à ordures, la poubelle**
sofa	**le sofa, le divan**
stool	**le tabouret**
dirty	**sale**
clean	**propre**

47 Les Travaux domestiques

Analyses de l'illustration

1. Quels sont les travaux ménagers qui doivent être faits tous les jours?
2. Lequel des travaux représentés sur le dessin peut être fait le plus rapidement?
3. Pour quelles corvées de ménages pourrait-on mettre des gants?   Expliquez.
4. Où voyez-vous des oreillers sans taies?
5. Qu'est-ce que l'homme lave dans l'évier?
6. À quoi sert un égouttoir?
7. S'il y a un broyeur d'ordures sur un de ces dessins, pourquoi ne peut-on pas le voir?
8. Quelles personnes sur le dessin se servent de savon ou de détersif?
9. Où sont la pelle et la balayette?
10. Des deux seaux, lequel sert de poubelle?
11. Qu'est-ce qu'il y a dans l'autre seau?

Points de départ

12. Pourquoi se sert-on d'un détersif?
13. Quand se sert-on d'un aspirateur et quand d'une brosse?
14. À quoi sert un balai?
15. Décrivez la différence entre une marmite et une casserole.
16. Pour quelles corvées aimeriez-vous avoir une bonne?   Expliquez.
17. Pourquoi y a-t-il dans la plupart des cuisines un lave-vaisselle plutôt qu'un égouttoir?
18. Votre vaisselle n'a pas été lavée (le lave-vaisselle ne marche pas), le plancher est sale, les lits ne sont pas faits et les enfants vont être à la maison toute la journée.   Qu'allez-vous faire?
19. Que met-on sur la couverture quand le lit est fait?
20. Quand on fait le lit, que met-on entre le matelas et la couverture?

Sujets de discussion

1. Les corvées de ménage ne sont jamais finies.
2. Comment faire un lit.
3. La ménagère moderne.

---

right-handed	**droitier, droitière**	tired	**fatigué**	undoubtedly	**sans doute**
quickly	**vite, rapidement**	broken	**cassé**		

to work	travailler	to get along well (with)	s'entendre bien (avec), faire bon ménage (avec)	pond	l'étang (m.), la mare
to store	s'approvisionner (de), faire une provision (de), mettre en réserve			field	le champ
		to surround	entourer	fence	la barrière, la clôture
to graze	paître, brouter	to consist of	consister en	gate	la porte, la grille
to cultivate	cultiver	to like better than, prefer	aimer mieux que	wall	le mur
to feed	nourrir			post	le pillier, le poteau
to milk	traire			stake	le pieu, le piquet
to plow	labourer	farm	la ferme	tractor	le tracteur
to plant	planter	animal	l'animal (m.), animaux (pl.)	garden tool	l'outil de jardinage (m.)
to dig	creuser, piocher, fouiller	horse	le cheval, chevaux (pl.)	rake	le râteau
to drive, lead	conduire	cow	la vache	hoe	la houe, le sarcloir
to bark	aboyer	sheep	le mouton	shovel	la pelle
to hang up the wash	étendre la lessive, étendre le linge	duck	le canard	sum of farm tools	le matériel agricole, le matériel de ferme
		goose	l'oie (f.)		
to suggest	faire penser, insinuer, suggérer	donkey	l'âne (m.)	garden	le jardin
		dog	le chien	vegetable	le légume
to take care (of)	se charger (de)	hen	la poule	farmer	le fermier, la fermière
to be used for	servir à	chicken	le poulet	wife	la femme
to portray, depict	représenter	chick	le poussin	child	l'enfant (m. or f.)
to spend (time)	passer	turkey	le dindon (male), la dinde (female)	boy	le garçon
to open	ouvrir			daughter	la fille
to lean	s'appuyer, se pencher	cat	le chat		
to run away, escape	s'échapper	stable	l'écurie (f.)	customary, usual	habituel
		barn	la grange, l'étable (f.)	agricultural	agricole
				elsewhere	ailleurs

48 La Vie à la ferme

Analyse de l'illustration

1. Combien de personnes y a-t-il sur le dessin et quelles sont-elles?
2. Décrivez les différents travaux sur une ferme comme celle-ci.
3. Où est la vache et que fait-elle?
4. Que fait la femme du fermier?
5. Que fait le fils?
6. Que dit la fermière au garçon?
7. Est-ce que cette ferme à l'air d'être grande ou petite?   Expliquez.
8. Où sont les canards et où sont les oies?
9. Où sont les barrières et les murs?
10. Où le chat est-il assis et que fait-il?
11. Quels outils de jardinage peut-on voir et où sont-ils?
12. Où a-t-on planté les légumes?
13. À quoi les outils de jardinage ont-ils servi?
14. Pourquoi le chien est-il en train d'aboyer?
15. Où sont les poules et où sont les dindes?
16. Si les deux portes étaient ouvertes, quels animaux s'échapperaient sans doute et où iraient-ils?
17. Que dit le cheval au mouton?
18. Qu'est-ce qui vous fait penser que ce dessin représente une ferme européenne?

Point de départ

19. Quelle est la différence entre une écurie et une étable?
20. Quels sont les animaux de ferme qui, en général, s'entendent bien et ceux qui ne s'entendent pas?

Sujets de discussion

1. Avantages et désavantages de la vie de ferme.
2. Description d'une grande ferme.
3. Pourquoi j'aime mieux (je n'aime pas mieux) passer mes vacances d'été dans une ferme que d'aller ailleurs.

to visit **visiter**	wild animal **l'animal sauvage**	balloon **le ballon**
to approach, get close to **s'approcher de**	beast of prey **la bête sauvage**	camera **l'appareil** (m.) **photographique, l'appareil de photos**
to see **voir**	leopard **le léopard**	railing **le garde-fou, la grille**
to take a picture **prendre une photo**	panther **la panthère**	fence **la clôture**
to eat **manger**	zebra **le zèbre**	fountain **la fontaine**
to drink **boire**	hippopotamus **l'hippopotame** (m.)	bench **le banc**
to feed **nourrir**	rhinoceros **le rhinocéros**	sign **l'affiche** (f.)
to protect **protéger**	alligator **le crocodile**	ditch **la tranchée, le fossé**
to climb **grimper**	reptile **le reptile**	hill **la colline**
to escape **s'échapper**	deer **le cerf, le chevreuil, le daim**	banana **la banane**
to raise, lift **soulever**	fox **le renard**	banana peel **la pelure de banane**
to resemble, be similar (to) **se ressembler**	camel **le chameau**	meat **la viande**
	monkey **le singe**	human being **l'être** (m.) **humain**
to be sitting **être assis**	bear **l'ours** (m.)	king **le roi**
	lion **le lion**	institution, establishment **l'institution** (f.)
zoo **le zoo**	tiger **le tigre**	
cage **la cage**	elephant **l'éléphant** (m.)	
feeding **l'alimentation** (f.)	gorilla **le gorille**	around, about **autour de**
animal **l'animal** (m.), **les animaux** (pl.)	giraffe **la girafe**	on it, on that **dessus**
	wolf **le loup**	
	snake **le serpent**	

49 Au zoo

Analyse de l'illustration

1. Où est le singe et que fait-il?
2. Que vient de manger le singe?   Comment le savez-vous?
3. Quelle personne a un appareil photographique et que fait-elle?
4. Qui a un ballon dans la main et où est-il?
5. Pourquoi est-ce que le petit garçon est soulevé par son père?
6. Où est le banc et qui est assis dessus?
7. Quelles sont les bêtes sauvages en liberté et où sont-elles?
8. Nommez tous les animaux que vous connaissez qui ne sont pas sur le dessin.
9. Où doit-il y avoir un fossé?
10. Quel animal, croyez-vous, habite la maison sur la colline et pourquoi?
11. On dirait que le petit garçon au premier plan du dessin est en train de dire quelque chose à quelqu'un.   Que peut-il dire et à qui?

Points de départ

12. Quel est le «roi des animaux»?
13. Quelles affiches voit-on, en général, dans un zoo?
14. Quels sont les animaux qui mangent de la viande et quels sont ceux qui n'en mangent pas?
15. Décrivez un zoo que vous avez visité.
16. Pourquoi y a-t-il un garde-fou autour de beaucoup de cages?
17. Que feriez-vous si vous étiez au zoo et qu'un loup s'échappait de sa cage?
18. Nommez quelques animaux qu'on peut voir sans aller dans un zoo.
19. Quelle est la différence entre un être humain et un gorille?
20. Est-ce qu'un zoo est une bonne institution?   Pourquoi?   Pourquoi pas?

Sujets de discussion

1. Description d'un animal.
2. Un jour au zoo.
3. L'alimentation des bêtes sauvages.

to be hot *(of weather)*	**faire chaud**	
to be cold *(of weather)*	**faire froid**	
it is sunny	**il fait du soleil**	
to be *(of weather)*	**faire**	
to portray, depict	**représenter**	
to shine	**briller**	
to snow	**neiger**	
to freeze	**geler**	
to melt	**fondre**	
to rain	**pleuvoir**	
to fall	**tomber**	
to plant	**planter**	
to rake	**ratisser** *(in a garden)*, **râteler** *(in a field)*	
to dig	**creuser, fouiller, piocher**	
to hoe	**bêcher** *(in a garden)*	
to sow	**semer**	
to bloom	**fleurir**	
to sing	**chanter**	
to have just (+ *past part.*)	**venir de** (+ *inf.*)	
to wipe	**essuyer**	
to wipe one's face	**s'essuyer la figure**	
to throw	**jeter**	
to forecast	**prévoir**	
to live	**habiter**	
to add	**additionner, ajouter**	
to subtract	**soustraire**	
to convert	**convertir**	
to divide	**diviser**	
to multiply	**multiplier**	
weather	**le temps**	
climate	**le climat**	
season	**la saison**	
spring	**le printemps**	
summer	**l'été** (*m.*)	
fall	**l'automne** (*m.*)	
winter	**l'hiver** (*m.*)	
rain	**la pluie**	
rain drop	**la goutte de pluie**	
rainbow	**l'arc-en-ciel** (*m.*)	
snow	**la neige**	
snowball	**la boule de neige**	
water	**l'eau** (*f.*)	
ice	**la glace**	
sun	**le soleil**	
cloud	**le nuage**	
wind	**le vent**	
hail	**la grêle**	
thunder	**le tonnerre**	
lightning	**l'éclair** (*m.*), **la foudre**	
storm *(rain, wind, or snow)*	**la tempête**	
hurricane	**l'ouragan** (*m.*)	
tornado	**le tourbillon, le cyclone**	
seed	**la graine**	
tulip	**la tulipe**	
tree	**l'arbre** (*m.*)	
leaf	**la feuille**	
(garden) rake	**le râteau**	
(garden) hoe	**la bêche**	
furrow	**le sillon**	
region	**la région**	
equivalent	**l'équivalent** (*m.*)	
temperature	**la température**	
degree	**le degré**	
centigrade	**le centigrade (le degré Celsius)**	
zero	**zéro**	
water vapor	**la vapeur d'eau**	
freezing point	**le point de congélation** (32° Fahrenheit = 0° Celsius) (Pour convertir les degrés Celsius en degrés Fahrenheit, il faut multiplier par 9, diviser par 5 et additionner 32. Pour convertir les degrés Fahrenheit en degrés Celsius, il faut soustraire 32, multiplier par 5 et diviser par 9)	

50 Les Saisons

Analyse de l'illustration

1. Comment savez-vous que le dessin à gauche représente le printemps?
2. Que fait le monsieur avec la bêche?
3. Sur le même dessin, que fait la dame?
4. Qui vient d'acheter de la glace?
5. Pourquoi est-ce que le monsieur s'essuie la figure?
6. Quel dessin représente l'automne, et comment le savez-vous?
7. Que font les garçons dans la neige?

Points de départ

8. Qu'est-ce que c'est que la neige?   Et la glace, qu'est-ce que c'est?
9. À quelle saison les tulipes fleurissent-elles?
10. Quel est le point de congélation?
11. Quand est-ce qu'on doit planter des graines?
12. Décrivez le climat là où vous habitez maintenant.
13. Quand est-ce qu'on voit un arc-en-ciel?
14. Quand est-ce que la neige fond?
15. Quand la température est de 95° Fahrenheit, de combien est-elle en degrés Celsius?
16. Quand la température est de 25° Celsius, quel est l'équivalent en degrés Fahrenheit?
17. Quelle est la température en ce moment, à peu près, en degrés Fahrenheit et en centigrades?
18. Décrivez le temps d'aujourd'hui.
19. Prévoyez le temps pour demain.
20. Décrivez les différences entre l'hiver et l'été.

Sujets de discussion

1. La saison que je préfère.
2. Les tempêtes.
3. Différents climats aux États-Unis.

bird	l'oiseau (*m.*)	today's	d'aujourd'hui	sunny	ensoleillé
face	la figure, le visage	rainy	pluvieux	climatic	climatique
ice cream	la glace, la crème glacée	humid	humide	frozen	gelé, glacé
		cloudy	nuageux	to the left	à gauche

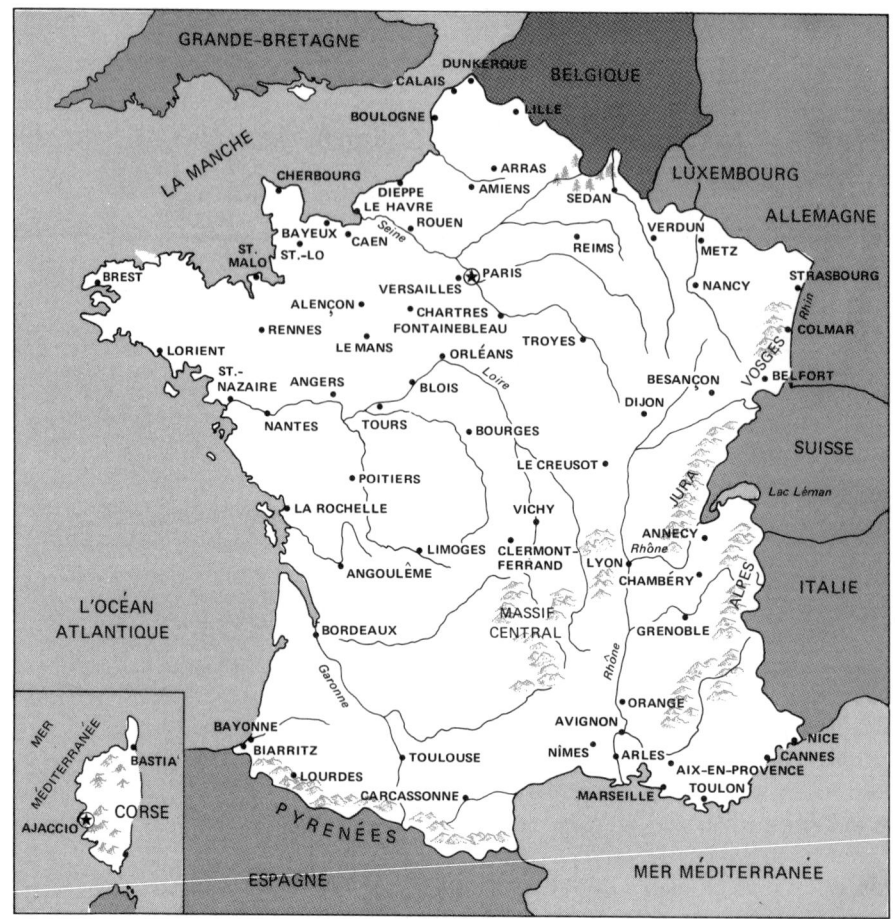

map **la carte**	proletariat (class) **le prolétariat**	France **la France**
location **la position, l'endroit** (m.)	government **le gouvernement**	Frenchman, Frenchwoman **le Français** (m.), **la Française** (f.)
geography **la géographie**	form of government **la forme de gouvernement**	United States of America, U.S.A. **les États-Unis d'Amérique**
crossing **la traversée**	law **la loi**	Switzerland **la Suisse**
north **le nord**	constitution **la constitution**	Luxembourg **le Luxembourg**
northwest **le nord-ouest**	parliament **le parlement**	Canada **le Canada**
northeast **le nord-est**	senate **le sénat**	Canadian (inhabitants) **le Canadien** (m.), **la Canadienne** (f.)
south **le sud**	house of representatives **la chambre des députés**	American (inhabitants) **l'Américain** (m.), **l'Américaine** (f.)
southwest **le sud-ouest**	president **le président**	England **l'Angleterre** (f.)
southeast **le sud-est**	prime minister **le premier ministre**	English (inhabitants) **l'Anglais** (m.), **l'Anglaise** (f.)
east **l'est** (m.)	head of state **le chef d'État**	inhabitant of Paris **le Parisien** (m.), **la Parisienne** (f.)
west **l'ouest** (m.)	king **le roi**	inhabitant of Bordeaux **le Bordelais** (m.), **la Bordelaise** (f.)
center **le centre**	queen **la reine**	inhabitant of Lyon **le Lyonnais** (m.), **la Lyonnaise** (f.)
border **la frontière**	mountain **la montagne**	inhabitant of Marseilles **le Marseillais** (m.), **la Marseillaise** (f.)
city **la ville**	(mountain) chain **la chaîne**	Provence (region) **la Provence**
province **la province**	river **la rivière**	inhabitant of Provence **le Provençal** (m.), **la Provençale** (f.)
department (administrative division of French territory) **le département**	island **l'île** (f.)	
country, nation **le pays, la nation**	port **le port**	
capital **la capitale**	coast, shore **la côte**	
republic **la république**	coastline **le littoral**	
democracy **la démocratie**	industry **l'industrie** (f.)	
monarchy **la monarchie**	trade, commerce **le commerce**	
dictatorship **la dictature**	money **l'argent** (m.)	
communism **le communisme**	language **la langue, l'idiome** (m.)	
fascism **le fascisme**		

51 La Carte de la France

Analyse de l'illustration

1. Décrivez la position des provinces suivantes: L'Alsace et la Bretagne.
2. Quelle est la capitale de la France et où se trouve-t-elle?
3. Sur quelles rivières se trouve la ville de Lyon?
4. Que sont les Pyrénnées et où sont-elles?
5. Quel est le pays limitrophe de la France au nord-est?
6. Nommez deux ports importants pour le commerce transatlantique. Où se trouvent-ils?
7. Quelle est la ville française la plus proche de l'Angleterre. Décrivez sa position.
8. Décrivez la position de Marseille.
9. Pourquoi la Corse est-elle fameuse? Où se trouve-t-elle?
10. Nommez un lac situé en France et en Suisse, et expliquez quelle partie est française et laquelle est suisse.
11. Comme «le sud» aux Etats-Unis, la Provence est seulement une région; ce n'est pas un département. Quelles sont quelques-unes des villes de cette région et qu'en savez-vous?
12. Que savez-vous de Versailles? Où est-ce?

Points de départ

13. Dans quels autres pays parle-t-on français?
14. Quelle est la forme du gouvernement en France?
15. Qu'est ce qu'une constitution? Qu'est-ce qu'une monarchie?
16. Qu'est ce qu'une monarchie constitutionnelle?
17. Qu'est-ce qu'une dictature? Qu'est-ce que le communisme?
18. L'Alsace et la Lorraine, ont-elles toujours été françaises? Qu'en savez-vous?
19. Pourquoi la Loire est-elle un fleuve fameux?
20. Pourquoi la région de Bordeaux est-elle fameuse?

Sujets de discussion

1. Description géographique de la Bretagne.
2. Pourquoi les touristes vont-ils sur la Côte d'Azur?
3. Le gouvernement de la France.

---

language of Provence **le provençal**
Mediterranean Sea **la mer Méditerranée**
Lorraine **la Lorraine**
Riviera **la Côte d'Azur**
Alsace **l'Alsace** (*f.*)
castle **le château**
wine **le vin**
occupation **l'occupation** (*f.*)
rule, domination **la domination**
siege **le siège**

transatlantic **transatlantique**
only, just **seulement**
with regard to **en relation à**
besides **en plus, d'autre part**
own **propre**
near, close (to) **proche (de), près (de)**
quite close (to) **tout près (de)**
several **quelques-uns, quelques-unes**
red **rouge**
white **blanc**
chief, most important **principal**
famous **fameux, fameuse**

to border (on) **être limitrophe de**
to have in common **avoir en commun**
to choose, elect **choisir, selectionner**
to govern, rule **gouverner, commander**
to earn (*money*) **gagner**
to spend (*money*) **dépenser**
to form part of **faire partie de**
to save **sauver**
to export **exporter**
to harvest **récolter**

Appendice

AUXILIARY VERBS

avoir	*to have*		être	*to be*
ayant	*having*		étant	*being*
eu	*had*		été	*been*

PRESENT INDICATIVE

I have

j'**ai**   nous **avons**
tu **as**   vous **avez**
il **a**   ils **ont**

I am

je **suis**   nous **sommes**
tu **es**   vous **êtes**
il **est**   ils **sont**

IMPERFECT INDICATIVE

I had, used to have

j'**avais**   nous **avions**
tu **avais**   vous **aviez**
il **avait**   ils **avaient**

I was, used to be

j'**étais**   nous **étions**
tu **étais**   vous **étiez**
il **était**   ils **étaient**

SIMPLE PAST

I had

j'**eus**   nous **eûmes**
tu **eus**   vous **eûtes**
il **eut**   ils **eurent**

I was

je **fus**   nous **fûmes**
tu **fus**   vous **fûtes**
il **fut**   ils **furent**

FUTURE

I will have

j'**aurai**   nous **aurons**
tu **auras**   vous **aurez**
il **aura**   ils **auront**

I will be

je **serai**   nous **serons**
tu **seras**   vous **serez**
il **sera**   ils **seront**

CONDITIONAL

I would have

j'**aurais**   nous **aurions**
tu **aurais**   vous **auriez**
il **aurait**   ils **auraient**

I would be

je **serais**   nous **serions**
tu **serais**   vous **seriez**
il **serait**   ils **seraient**

PRESENT SUBJUNCTIVE

(that) I have, may have

(que) j'**aie**
(que) tu **aies**
(qu')il **ait**
(que) nous **ayons**
(que) vous **ayez**
(qu')ils **aient**

(that) I am, may be

(que) je **sois**
(que) tu **sois**
(qu')il **soit**
(que) nous **soyons**
(que) vous **soyez**
(qu')ils **soient**

IMPERFECT SUBJUNCTIVE

(that) I had, might have
(que) j'**eusse**
(que) tu **eusses**
(qu')il **eût**
(que) nous **eussions**
(que) vous **eussiez**
(qu')ils **eussent**

(that) I was, might be
(que) je **fusse**
(que) tu **fusses**
(qu')il **fût**
(que) nous **fussions**
(que) vous **fussiez**
(qu')ils **fussent**

IMPERATIVE

aie *have*
qu'il ait *let him have*
ayons *let us have*
ayez *have*
qu'ils aient *let them have*

sois *be*
qu'il soit *let him be*
soyons *let us be*
soyez *be*
qu'ils soient *let them be*

COMPOUND PAST

I have had, had
j'**ai eu**
tu **as eu**
il **a eu**
nous **avons eu**
vous **avez eu**
ils **ont eu**

I have been, was
j'**ai été**
tu **as été**
il **a été**
nous **avons été**
vous **avez été**
ils **ont été**

PLUPERFECT

I had had
j'**avais eu**
etc.

I had been
j'**avais été**
etc.

PAST ANTERIOR

I had had
j'**eus eu**
etc.

I had been
j'**eus été**
etc.

FUTURE PERFECT

I will have had
j'**aurai eu**
tu **auras eu**
il **aura eu**
nous **aurons eu**
vous **aurez eu**
ils **auront eu**

j'**aurai été**
tu **auras été**
il **aura été**
nous **aurons été**
vous **aurez été**
ils **auront été**

PAST CONDITIONAL

I would have had
j'**aurais eu**
etc.

I would have been
j'**aurais été**
etc.

PAST SUBJUNCTIVE

(that) I have had, had,
may have had
(que) j'**aie eu**
etc.

(that) I have been, was,
may have been
(que) j'**aie été**
etc.

PLUPERFECT SUBJUNCTIVE

(that) I had had, might have had
(que) j'**eusse eu**
etc.

(that) I had been, might have been
(que) j'**eusse été**
etc.

REGULAR VERBS

-er
parler *to speak*
parlant *speaking*
parlé *spoken*

-ir
finir *to finish*
finissant *finishing*
fini *finished*

-re
vendre *to sell*
vendant *selling*
vendu *sold*

PRESENT INDICATIVE

I speak, am speaking, do speak
je **parle**
tu **parles**
il **parle**
nous **parlons**
vous **parlez**
ils **parlent**

I finish, am finishing, do finish
je **finis**
tu **finis**
il **finit**
nous **finissons**
vous **finissez**
ils **finissent**

I sell, am selling, do sell
je **vends**
tu **vends**
il **vend**
nous **vendons**
vous **vendez**
ils **vendent**

IMPERFECT INDICATIVE

I was speaking, used to speak, spoke
je **parlais**
tu **parlais**
il **parlait**
nous **parlions**
vous **parliez**
ils **parlaient**

I was finishing, used to finish, finished
je **finissais**
tu **finissais**
il **finissait**
nous **finissions**
vous **finissiez**
ils **finissaient**

I was selling, used to sell, sold
je **vendais**
tu **vendais**
il **vendait**
nous **vendions**
vous **vendiez**
ils **vendaient**

SIMPLE PAST

I spoke
je **parlai**
tu **parlas**
il **parla**
nous **parlâmes**
vous **parlâtes**
ils **parlèrent**

I finished
je **finis**
tu **finis**
il **finit**
nous **finîmes**
vous **finîtes**
ils **finirent**

I sold
je **vendis**
tu **vendis**
il **vendit**
nous **vendîmes**
vous **vendîtes**
ils **vendirent**

FUTURE

I will speak
je **parlerai**
tu **parleras**
il **parlera**
nous **parlerons**
vous **parlerez**
ils **parleront**

I will finish
je **finirai**
tu **finiras**
il **finira**
nous **finirons**
vous **finirez**
ils **finiront**

I will sell
je **vendrai**
tu **vendras**
il **vendra**
nous **vendrons**
vous **vendrez**
ils **vendront**

CONDITIONAL

I would speak	*I would finish*	*I would sell*
je **parlerais**	je **finirais**	je **vendrais**
tu **parlerais**	tu **finirais**	tu **vendrais**
il **parlerait**	il **finirait**	il **vendrait**
nous **parlerions**	nous **finirions**	nous **vendrions**
vous **parleriez**	vous **finiriez**	vous **vendriez**
ils **parleraient**	ils **finiraient**	ils **vendraient**

PRESENT SUBJUNCTIVE

(that) I speak, am speaking, may speak	*(that) I finish, am finishing, may finish*	*(that) I sell, am selling, may sell*
(que) je **parle**	(que) je **finisse**	(que) je **vende**
(que) tu **parles**	(que) tu **finisses**	(que) tu **vendes**
(qu')il **parle**	(qu')il **finisse**	(qu')il **vende**
(que) nous **parlions**	(que) nous **finissions**	(que) nous **vendions**
(que) vous **parliez**	(que) vous **finissiez**	(que) vous **vendiez**
(qu')ils **parlent**	(qu')ils **finissent**	(qu')ils **vendent**

IMPERFECT SUBJUNCTIVE

(that) I speak, was speaking, might speak	*(that) I finish, was finishing, might finish*	*(that) I sell, was selling, might sell*
(que) je **parlasse**	(que) je **finisse**	(que) je **vendisse**
(que) tu **parlasses**	(que) tu **finisses**	(que) tu **vendisses**
(qu')il **parlât**	(qu')il **finît**	(qu')il **vendît**
(que) nous **parlassions**	(que) nous **finissions**	(que) nous **vendissions**
(que) vous **parlassiez**	(que) vous **finissiez**	(que) vous **vendissiez**
(qu')ils **parlassent**	(qu')ils **finissent**	(qu')ils **vendissent**

IMPERATIVE

parle *speak*	**finis** *finish*	**vends** *sell*
qu'il **parle** *let him speak*	qu'il **finisse** *let him finish*	qu'il **vende** *let him sell*
parlons *let us speak*	**finissons** *let us finish*	**vendons** *let us sell*
parlez *speak*	**finissez** *finish*	**vendez** *sell*
qu'ils **parlent** *let them speak*	qu'ils **finissent** *let them finish*	qu'ils **vendent** *let them sell*

COMPOUND PAST

I have spoken, spoke	*I have finished, finished*	*I have sold, sold*
j'**ai parlé**	j'**ai fini**	j'**ai vendu**
tu **as parlé**	tu **as fini**	tu **as vendu**
il **a parlé**	il **a fini**	il **a vendu**
nous **avons parlé**	nous **avons fini**	nous **avons vendu**
vous **avez parlé**	vous **avez fini**	vous **avez vendu**
ils **ont parlé**	ils **ont fini**	ils **ont vendu**

DOUBLE COMPOUND PAST

I had spoken	*I had finished*	*I had sold*
j'**ai eu parlé**	j'**ai eu fini**	j'**ai eu vendu**
etc.	etc.	etc.

	PLUPERFECT	
I had spoken j'**avais parlé** etc.	*I had finished* j'**avais fini** etc.	*I had sold* j'**avais vendu** etc.

PAST ANTERIOR

I had spoken j'**eus parlé** etc.	*I had finished* j'**eus fini** etc.	*I had sold* j'**eus vendu** etc.

FUTURE PERFECT

I will have spoken	*I will have finished*	*I will have sold*
j'**aurai parlé**	j'**aurai fini**	j'**aurai vendu**
tu **auras parlé**	tu **auras fini**	tu **auras vendu**
il **aura parlé**	il **aura fini**	il **aura vendu**
nous **aurons parlé**	nous **aurons fini**	nous **aurons vendu**
vous **aurez parlé**	vous **aurez fini**	vous **aurez vendu**
ils **auront parlé**	ils **auront fini**	ils **auront vendu**

PAST CONDITIONAL

I would have spoken j'**aurais parlé** etc.	*I would have finished* j'**aurais fini** etc.	*I would have sold* j'**aurais vendu** etc.

PAST SUBJUNCTIVE

(that) I have spoken spoke, may have spoken (que) j'**aie parlé** etc.	*(that) I have finished, finished, may have finished* (que) j'**aie fini** etc.	*(that) I have sold, sold, may have sold* (que) j'**aie vendu** etc.

PLUPERFECT SUBJUNCTIVE

(that) I had spoken, might have spoken (que) j'**eusse parlé** etc.	*(that) I had finished, might have finished* (que) j'**eusse fini** etc.	*(that) I had sold, might have sold* (que) j'**eusse vendu** etc.

REGULAR VERBS CONJUGATED WITH ÊTRE IN THE COMPOUND TENSES

entrer *to enter*
entrant *entering*
entré *entered*

COMPOUND PAST

je **suis entré(e)**
tu **es entré(e)**
il **est entré**
elle **est entrée**
nous **sommes entré(e)s**
vous **êtes entré(s), entrée(s)**
ils **sont entrés**
elles **sont entrées**

DOUBLE COMPOUND PAST

j'**ai été entré(e)**
etc.

PLUPERFECT

j'**étais entré(e)**

etc.

PAST ANTERIOR

je **fus entré(e)**

etc.

FUTURE PERFECT

je **serai entré(e)**
tu **seras entré(e)**
il **sera entré**
nous **serons entré(e)s**
vous **serez entré(s), entrée(s)**
ils **seront entrés**

PAST CONDITIONAL

je **serais entré(e)**

etc.

PAST SUBJUNCTIVE

(que) je **sois entré(e)**

etc.

PLUPERFECT SUBJUNCTIVE

(que) je **fusse entré(e)**

etc.

IRREGULAR VERBS

Full endings for the future tense are:

je	**-ai**		nous	**-ons**
tu	**-as**		vous	**-ez**
il	**-a**		ils	**-ont**

Full endings for the imperfect and conditional are:

je	**-ais**		nous	**-ions**
tu	**-ais**		vous	**-iez**
il	**-ait**		ils	**-aient**

Infinitives, past participles, stems, and irregular forms appear in **bold** type.

acquérir (*to acquire*)
PRES.   j'**acquiers,** tu acquiers, il acquiert, ils **acquièrent,**
        nous **acquér**ons, vous acquérez
SUBJ.   j'**acquière**, nous acquérions
FUT.   j'**acquerr**ai   CONDIT.   j'acquerrais

aller (*to go*)   **all-**
FUT.   PRES.   je **vais**   nous allons
j'**ir**ai   tu **vas**[1]   vous allez
CONDIT.   il **va**
j'**ir**ais   ils **vont**

---

1. Familiar imperative: **va**, except when followed by **y**: **Vas-y** *Go there*.

			aill-		
	SUBJ.	j'aille		nous allions
PASSÉ COMP.			tu ailles		vous alliez
je suis **allé**			il aille		
PASSÉ SIMP.			ils aillent	IMPERF.	j'allais
il alla				PRES. PART.	allant
ils allèrent[1]					

s'en aller (*to go away*), *like* **aller**
PRES. je m'en vais, tu t'en vas, il s'en va,
       nous nous en allons, vous vous en allez, ils s'en vont
PASSÉ COMP. je m'en suis allé

s'apercevoir (*to notice*), *like* **recevoir**
PRES. je m'aper**çois,** tu t'aperçois, il s'aperçoit
       nous nous aper**cev**ons, vous vous apercevez, ils s'aper**çoiv**ent
PASSÉ COMP. je me suis **aperçu**

s'asseoir (*to sit down*)
		PRES.	**assie-**		**assey-**
FUT.			je m'assieds		nous nous asseyons
je m'**assié**rai[2]			tu t'assieds		vous vous asseyez
CONDIT.			il s'assied		ils s'asseyent
je m'assiérais			**assey-**		
assis		SUBJ.	je m'asseye		nous nous asseyions
PASSÉ COMP.			tu t'asseyes		vous vous asseyiez
je me suis assis			il s'asseye		ils s'asseyent
PASSÉ SIMP.					
il s'assit				IMPERF.	je m'asseyais
ils s'assirent				PAST PART.	(s')asseyant

atteindre (*to attain*), *like* **craindre**
PRES. j'at**teins,** tu atteins, il atteint,
       nous at**teign**ons, vous atteignez, ils atteignent
PASSÉ COMP. j'ai **atteint**

battre (*to beat*), *like* **vendre,** *but with* **t** *in present tense and stem*
PRES. je **bat**s, tu bats, it bat,
       nous **batt**ons, vous battez, ils battent
PASSÉ COMP. j'ai **battu**

boire (*to drink*)
			boi-		**buv-**
FUT.		PRES.	je bois		nous buvons
je boirai			tu bois		vous buvez
CONDIT.			il bois		
je boirais			**boiv-**		
bu			ils boivent		
PASSÉ COMP.					
j'ai bu		SUBJ.	je boive		nous buvions
PASSÉ SIMP.			tu boives		vous buviez
il but			il boive		
ils burent			ils boivent		
				IMPERF.	je buvais
				PRES. PART.	buvant

1. Regular **passé simple** for **-er** verbs.
2. Alternatively, **je m'assoirai.**

conduire (*to conduct*)   **-dui-**   **-duis-**
FUT.   PRES.   je conduis   nous conduisons
je conduirai   tu conduis   vous conduisez
CONDIT.   il conduit   ils conduisent
je conduirais   **-duis-**
conduit   SUBJ.   je conduise   nous conduisions
PASSÉ COMP.   tu conduises   vous conduisiez
j'ai conduit   il conduise   ils conduisent
PASSÉ SIMP.
  il **conduisit**   IMPERF.   je conduisais
ils conduisirent   PRES. PART.   conduisant

connaître (*to know*)   **-nai-**   **-naiss-**
FUT.   PRES.   je connais   nous connaissons
je connaîtrai   tu connais   vous connaissez
CONDIT.   il connaît   ils connaissent
je connaîtrais   **-naiss-**
connu   SUBJ.   je connaisse   nous connaissions
PASSÉ COMP.   tu connaisses   vous connaissiez
j'ai connu   il connaisse   ils connaissent
PASSÉ SIMP.
  il connut   IMPERF.   je connaissais
ils connurent   PRES. PART.   connaissant

construire (*to build*), *like* **conduire**
  PRES.   je con**struis,** tu construis, il construit,
         nous con**strui**sons, vous construisez, ils construisent
  PASSÉ COMP.   j'ai **construit**

coudre (*to sew*)   **cou-**   **-cous-**
FUT.   PRES.   je couds   nous cousons
je coudrai   tu couds   vous cousez
CONDIT.   il coud   ils cousent
je coudrais   **cous-**
cousu   SUBJ.   je couse   nous cousions
PASSÉ COMP.   tu couses   vous cousiez
j'ai cousu   il couse   ils cousent
PASSÉ SIMP.
  il **cousit**   IMPERF.   je cousais
ils cousirent   PRES. PART.   cousant

courir (*to run*)   **cour-**   **cour-**
FUT.   PRES.   je cours   nous courons
je **courr**ai   tu cours   vous courez
CONDIT.   il court   ils courent
je courrais
couru   SUBJ.   je coure   nous courions
PASSÉ COMP.   tu coures   vous couriez
j'ai couru   il coure   ils courent
PASSÉ SIMP.
  il **courut**   IMPERF.   je courais
ils coururent   PRES. PART.   courant

couvrir (*to cover*), like **ouvrir**
PRES.   je couvre, tu couvres, il couvre,
        nous couvrons, vous couvrez, ils couvrent
PASSÉ COMP.   j'ai **couvert**

craindre (*to fear*)   **crain-**   **craign-**
FUT.   PRES.   je crains   nous craignons
je craindrai   tu crains   vous craignez
CONDIT.   il craint   ils craignent
je craindrais   **craign-**
  craint   SUBJ. je craigne   nous craignions
PASSÉ COMP.   tu craignes   vous craignez
j'ai craint   il craigne   ils craignent
PASSÉ SIMP.
  il **craignit**   IMPERF.   je craignais
  ils craignirent   PRES. PART.   craignant

croire (*to believe*)   **croi-**   **croy-**
FUT.   PRES.   je crois   nous croyons
je croirai   tu crois   vous croyez
CONDIT.   il croit
je croirais   ils croient
  cru   SUBJ. je croie   nous croyions
PASSÉ COMP.   tu croies   vous croyiez
j'ai cru   il croie
PASSÉ SIMP.   ils croient
  il **crut**   IMPERF.   je croyais
  ils crurent   PRES. PART.   croyant

cueillir (*to pick, gather*)
PRES.   je **cueille,** tu cueilles, il cueille,
        nous cueillons, vous cueillez, ils cueillent
FUT. *and* CONDIT.   je cueillerai, je cueillerais
PASSÉ COMP.   j'ai **cueilli**

cuire, *like* **conduire**
PRES.   je **cuis,** tu cuis, il cuit, nous **cuis**ons, vous cuisez, ils cuisent
PASSÉ COMP.   j'ai **cuit**

devoir (*to owe; to have to*)   **doi-**   **dev-**
FUT.   PRES.   je dois   nous devons
je **devr**ai   tu dois   vous devez
CONDIT.   il doit
je devrais   **doiv-**
  dû   ils doivent
PASSÉ COMP.   SUBJ. je doive   nous devions
j'ai dû   tu doives   vous deviez
PASSÉ SIMP.   il doive
  il **dut**   ils doivent
  ils durent   IMPERF.   je devais
                                                                     PRES. PART.   devant

dire (*to say*)
FUT. je dirai
CONDIT. je dirais
dit
PASSÉ COMP. j'ai dit
PASSÉ SIMP.
  il **dit**
  ils dirent

PRES. **di-**
  je dis
  tu dis
  il dit
SUBJ. **dis-**
  je dise
  tu dises
  il dise

dis-
nous disons
vous **dites**
ils disent
nous disions
vous disiez
ils disent
IMPERF. je disais
PRES. PART. disant

dormir (*to sleep*), *like* **partir**
PRES. je **dors**, tu dors, il dort,
    nous **dorm**ons, vous dormez, ils dorment
PASSÉ COMP. j'ai **dormi**

écrire (*to write*)
FUT. j'écrirai
CONDIT. j'écrirais
écrit
PASSÉ COMP. j'ai écrit
PASSÉ SIMP.
  il **écrivit**
  ils écrivirent

PRES. **écri-**
  j'écris
  tu écris
  il écrit
SUBJ. **écriv-**
  j'écrive
  tu écrives
  il écrive

écriv-
nous écrivons
vous écrivez
ils écrivent
nous écrivions
vous écriviez
ils écrivent
IMPERF. j'écrivais
PRES. PART. écrivant

envoyer (*to send*)
FUT. j'**enverrai**   CONDIT. j'enverrais
Otherwise a regular **-yer** verb

éteindre (*to extinguish*), *like* **craindre**
PRES. j'**éteins**, tu éteins, il éteint,
    nous **éteign**ons, vous éteignez, ils éteignent
PASSÉ COMP. j'ai **éteint**

faire (*to do, make*)
FUT. je **fe**rai
CONDIT. je ferais
fait
PASSÉ COMP. j'ai fait
PASSÉ SIMP.
  il **fit**
  ils firent

PRES. **fai-**
  je fais
  tu fais
  il fait

SUBJ. **fass-**
  je fasse
  tu fasses
  il fasse

fais-
nous faisons
vous **faites**
ils **font**
IMPERF. je faisais
PRES. PART. faisant
nous fassions
vous fassiez
ils fassent

falloir (*to have to, must*)
(*impersonal*)
FUT. il **faudr**a
CONDIT. il faudrait
PRES. il **faut**
IMPERF. il **fallait**
SUBJ. il **faille**
fallu
PASSÉ COMP. il a **fallu**
PASSÉ SIMP. il **fallut**

fuir (*to flee*)
FUT.
je fuirai
CONDIT.
je fuirais
   fui
PASSÉ COMP.
j'ai fui
PASSÉ SIMP.
je fuis

PRES. **fui-**
   je fuis
   tu fuis
   il fuit
   ils fuient
SUBJ. je fuies
   tu fuies
   il fuie
   ils fuient

fuy-
nous fuyons
vous fuyez

nous fuyions
vous fuyiez

IMPERF. je fuyais
PRES. PART. fuyant

haïr (*to hate*)
FUT.
je haïrai
CONDIT.
je haïrais
   haï
PASSÉ COMP.
j'ai haï
PASSÉ SIMP.
je haïs

PRES. **haï-**
   je hais
   tu hais
   il hait
haï-
SUBJ. je haïsse
   tu haïsses
   il haïsse

haï-
nous haïssons
vous haïssez
ils haïssent

nous haïssions
vous haïssiez
ils haïssent

IMPERF. je haïssais
PRES. PART. haïssant

s'inscrire (*to enroll*), *like* **écrire**
PRES. je m'**inscris**, tu t'inscris, il s'inscrit,
       nous nous **inscriv**ons, vous vous inscrivez, ils s'inscrivent
PASSÉ COMP.   je me suis **inscrit**

lire (*to read*)
FUT.
je lirai
CONDIT.
je lirais
  lu
PASSÉ COMP.
j'ai lu
PASSÉ SIMP.
il lut
ils lurent

PRES. **li-**
   je lis
   tu lis
   il lit
lis-
SUBJ. je lise
   tu lises
   il lise

lis-
nous lisons
vous lisez
ils lisent
lis-
nous lisions
vous lisiez
ils lisent

IMPERF. je lisais
PRES. PART. lisant

mentir (*to lie*), *like* **partir**
PRES. je **men**s, tu mens, il ment,
      nous **ment**ons, vous mentez, ils mentent
PASSÉ COMP.   j'ai **menti**

mettre (*to put*)
FUT.
je mettrai
CONDIT.
je mettrais

PRES. **met-**
   je mets
   tu mets
   il met

mett-
nous mettons
vous mettez
ils mettent

mis		**mett-**		
PASSÉ COMP.		SUBJ. je mette		nous mettions
j'ai mis		tu mettes		vous mettiez
PASSÉ SIMP.		il mette		ils mettent
il mit				
ils mirent			IMPERF.	je mettais
			PRES. PART.	mettant

mordre (*to bite*), *like* **vendre**
PRES. je **mord**s, tu mords, il mord,
        nous **mord**ons, **vous mordez, ils mordent**
PASSÉ COMP. j'ai **mordu**

mourir (*to die*)		**meur-**		**mour-**
FUT.		PRES. je meurs		nous mourons
je **mourr**ai		tu meurs		vous mourez
CONDIT.		il meurt		
je mourrais		ils meurent		
mort				
PASSÉ COMP.		SUBJ. je meure		nous mourions
je suis mort		tu meures		vous mouriez
PASSÉ SIMP.		il meure		
il **mourut**		ils meurent		
ils moururent			IMPERF.	je mourais
			PRES. PART.	mourant
naître (*to be born*)		**nai-**		**naiss-**
FUT.		PRES. je nais		nous naissons
je naîtrai		tu nais		vous naissez
CONDIT.		il naît		ils naissent
je naîtrais		**naiss-**		
né		SUBJ. je naisse		nous naissions
PASSÉ COMP.		tu naisses		vous naissiez
je suis né		il naisse		ils naissent
PASSÉ SIMP.				
il **naquit**			IMPERF.	je naissais
ils naquirent			PRES. PART.	naissant

offrir (*to offer*), *like* **ouvrir**
PRES. j'**offre,** tu offres, il offre,
        nous offrons, vous offrez, ils offrent
PASSÉ COMP. j'ai **offert**

ouvrir (*to open*)		**ouvr-**		**ouvr-**
FUT.		PRES. ouvre		nous ouvrons
je ouvrirai		tu ouvres		vous ouvrez
CONDIT.		il ouvre		ils ouvrent
je ouvrirais				
ouvert		SUBJ. ouvre		nous ouvrions
PASSÉ COMP.		tu ouvres		vous ouvriez
j'ai ouvert		il ouvre		ils ouvrent
PASSÉ SIMP.				
il **ouvrit**			IMPERF.	j'ouvrais
ils ouvrirent			PRES. PART.	ouvrant

paraître (*to seem*), *like* **connaître**
PRES. je **parais,** tu parais, il paraît,
        nous **paraiss**ons, vous paraissez, ils paraissent
PASSÉ COMP.   j'ai **paru**

partir (*to leave*)   **par-**   **part-**
FUT.   PRES. je pars   nous partons
je partirai   tu pars   vous partez
CONDIT.   il part   ils partent
je partirais   **part-**
  parti   SUBJ. je parte   nous partions
PASSÉ COMP.   tu partes   vous partiez
je suis parti   il parte   ils partent
PASSÉ SIMP.
 il parti   IMPERF.   je partais
ils partirent   PRES. PART.   partant

peindre (*to paint*), *like* **craindre**
PRES. je **peins,** tu peins, il peint
        nous **peign**ons, vous peignez, ils peignent
PASSÉ COMP.   j'ai **peint**

perdre (*to lose*), *like* **vendre**
PRES. je **perds,** tu perds, il perd,
        nous **perd**ons, vous perdez, ils perdent
PASSÉ COMP.   j'ai **perdu**

permettre (*to permit*), *see* **mettre**

plaindre (*to pity*), *like* **craindre**
PRES. je **plains,** tu plains, il plaint
        nous **plaign**ons, vous plaignez, ils plaignent
PASSÉ COMP.   j'ai **plaint**

plaire (*to please*)   **plai-**   **plais-**
FUT.   PRES. je plais   nous plaisons
je plairai   tu plais   vous plaisez
CONDIT.   il plaît   ils plaisent
je plairais   **plais-**
  plu   SUBJ. je plaise   nous plaisions
PASSÉ COMP.   tu plaises   vous plaisiez
j'ai plu   il plaise   ils plaisent
PASSÉ SIMP.
 il plut   IMPERF.   je plaisais
ils plurent   PRES. PART.   plaisant

pleuvoir (*to rain*), (*impersonal*)   **plu**
    PRES. il pleut   PASSÉ COMP. il a plu
FUT.   IMPERF. il pleuvait   PASSÉ SIMP. il plut
il **pleuvra**   SUBJ. il pleuve
CONDIT.   PRES. PART. pleuvant
il pleuvrait

pouvoir (*to be able*)
FUT.
je **pourr**ai
CONDIT.
je pourrais
  pu
PASSÉ COMP.
j'ai pu
PASSÉ SIMP.
 il put
 ils purent

PRES. je peux[1]
tu peux
il peut
peuv-
ils peuvent

puiss-
SUBJ. je puisse
tu puisses
il puisse

pouv-
nous pouvons
vous pouvez

pouv-
IMPERF. je pouvais
PRES. PART. pouvant

nous puissions
vous puissiez
ils puissent

prendre (*to take*)
FUT.
je prendrai
CONDIT.
je prendrais
 pris
PASSÉ COMP.
j'ai pris
PASSÉ SIMP.
 il prit
 ils prirent

PRES. je prends
tu prends
il prend
prenn-
ils prennent

SUBJ. je prenne
tu prennes
il prenne
ils prennent

pren-
nous prenons
vous prenez

nous prenions
vous preniez

IMPERF. je prenais
PRES. PART. prenant

recevoir (*to receive*)
FUT.
je **recevr**ai
CONDIT.
je recevrais
 reçu
PASSÉ COMP.
j'ai reçu
PASSÉ SIMP.
 il reçut
 ils reçurent

PRES. je reçois
tu reçois
il reçoit
reçoiv-
ils reçoivent

SUBJ. je reçoive
tu reçoive
il reçoive
ils reçoivent

IMPERF. **recev-**
PRES. PART. nous recevons
vous recevez

nous recevions
vous receviez

IMPERF. je recevais
PRES. PART. recevant

rejoindre (*to rejoin*), *like* **craindre**
  PRES. je **rejoins**, tu rejoins, il rejoint
        nous **rejoign**ons, vous rejoignez, ils rejoignent
  PASSÉ COMP. j'ai **rejoint**

répondre (*to answer*), *like* **vendre**
  PRES. je **réponds**, tu réponds, il répond,
        nous **répond**ons, vous répondez, ils répondent
  PASSÉ COMP. j'ai **répondu**

---

1. Interrogative: **puis-je?**

rire (*to laugh*)   **ri-**   **ri-**

FUT.		PRES. je ris		nous rions
je rirai		tu ris		vous riez
CONDIT.		il rit		ils rient
je rirais				
ri		SUBJ. je rie		nous riions
PASSÉ COMP.		tu ries		vous riiez
j'ai ri		il rie		ils rient
PASSÉ SIMP.			IMPERF.	je riais
il rit			PRES. PART.	riant
ils rirent				

rompre (*to break*), *like* **vendre** *but with* **p** *in present tense and stem*
PRES.   je **romps,** tu romps, il rompt,
         nous **romp**ons, vous rompez, ils rompent
PASSÉ COMP.   j'ai **rompu**

savoir (*to know*)   **sai-**   **sav-**

FUT.		PRES. je sais		nous savons
je **saur**ai		tu sais		vous savez
CONDIT.		il sait		ils savent
je saurais			IMPERF.	je savais
su		**sach-**		**sach-**
PASSÉ COMP.		SUBJ. je sache		nous sachions
j'ai su		tu saches		vous sachiez
PASSÉ SIMP.		il sache		ils sachent
il **sut**				
ils surent		IMPERATIVE	**sache**	
				sachons
				sachez
			PRES. PART.	**sachant**

sentir (*to feel*), *like* **partir**
PRES.   je **sens,** tu sens, il sent,
         nous **sent**ons, vous sentez, ils sentent
PASSÉ COMP.   j'ai **senti**

servir (*to serve*), *like* **partir**
PRES.   je **sers,** tu sers, il sert,
         nous **serv**ons, vous servez, ils servent
PASSÉ COMP.   j'ai **servi**

sortir (*to go out, leave*), *like* **partir**
PRES.   je **sor**s, tu sors, il sort,
         nous **sort**ons, vous sortez, ils sortent
PASSÉ COMP.   je suis **sorti**

souffrir (*to suffer*), *like* **ouvrir**
PRES.   je **souffre,** tu souffres, il souffre,
         nous souffrons, vous souffrez, ils souffrent
PASSÉ COMP.   j'ai **souffert**

se souvenir (*to remember*), *like* **venir**
PRES.   je me **souviens**, tu te souviens, il se souvient,
         nous nous **souven**ons, vous vous souvenez, ils se **souvienn**ent
PASSÉ COMP.   je me suis souvenu

suffire (*to suffice*)		**suffi-**		**suffis-**	
FUT.		PRES.	je suffis		nous suffisons
je suffirai			tu suffis		vous suffisez
CONDIT.			il suffit		ils suffisent
je suffirais		**suffis-**			
suffi		SUBJ.	je suffise		nous suffisions
PASSÉ COMP.			tu suffises		vous suffisiez
j'ai suffi			il suffise		ils suffisent
PASSÉ SIMP.					
il suffit				IMPERF.	je suffisais
ils suffirent				PRES. PART.	suffisant

suivre (*to follow*)		**sui-**		**suiv-**	
FUT.		PRES.	je suis		nous suivions
je suivrai			tu suis		vous suivez
CONDIT.			il suit		ils suivent
je suivrais		**suiv-**			
suivi		SUBJ.	je suive		nous suivions
PASSÉ COMP.			tu suives		vous suiviez
j'ai suivi			il suive		ils suivent
PASSÉ SIMP.					
il suivit				IMPERF.	je suivais
ils suivirent				PRES. PART.	suivant

se taire (*to keep silent*), *like* **plaire,** *but no circumflex accent*
PRES.   je me **tais,** tu te tais, il se tait,
         nous nous **tais**ons, vous vous taisez, ils se taisent
PASSÉ COMP.   je me suis **tu**

tenir (*to hold*), *like* **venir**
PRES.   je **tiens,** tu tiens, il tient, ils **tienn**ent,
         nous **ten**ons, vous tenez
PASSÉ COMP.   j'ai **tenu**

traduire (*to translate*), *like* **conduire**
PRES.   je **traduis,** tu traduis, il traduit,
         nous **tradui**sons, vous traduisez, ils traduisent
PASSÉ COMP.   j'ai **traduit**

valoir (*to be worth*)		**vau-**		**val-**	
FUT.		PRES.	je vaux		nous valons
je **vaudr**ai			tu vaux		vous valez
CONDIT.			il vaut		ils valent
je vaudrais		**vaille-**			
valu		SUBJ.	je vaille		nous valions
PASSÉ COMP.			tu vailles		vous valiez
j'ai valu			il vaille		
PASSÉ SIMP.			ils vaillent		
il valut				IMPERF.	je valais
ils valurent				PRES. PART.	valant

venir (*to come*)
FUT.
je **viendr**ai
CONDIT.
je viendrais
venu
PASSÉ COMP.
je suis venu
PASSÉ SIMP.
il **vint**
ils vinrent

vien-
PRES. je vien
tu viens
il vient
vienn-
ils viennent

SUBJ. je vienne
tu viennes
il vienne
ils viennent

ven-
nous venons
vous venez

IMPERF. je venais
PRES. PART. venant

nous venions
vous veniez

vivre (*to live*)
FUT.
je vivrai
CONDIT.
je vivrais
vécu
PASSÉ COMP.
j'ai vécu
PASSÉ SIMP.
il vécut
ils vécurent

vi-
PRES. je vis
tu vis
il vit

viv-
SUBJ. je vive
tu vives
il vive

viv-
nous vivons
vous vivez
ils vivent

viv-
nous vivions
vous viviez
ils vivent

IMPERF. je vivais
PRES. PART. vivant

voir (*to see*)
FUT.
je **verr**ai
CONDIT.
je verrais
vu
PASSÉ COMP.
j'ai vu
PASSÉ SIMP.
il **vit**
ils virent

voi-
PRES. je vois
tu vois
il voit
ils voient

SUBJ. je voie
tu voies
il voie
ils voient

voy-
nous voyons
vous voyez

nous voyions
vous voyiez

IMPERF. je voyais
PRES. PART. voyant

vouloir (*to want*)
FUT.
je **voudr**ai
CONDIT.
je voudrais
voulu
PASSÉ COMP.
j'ai voulu
PASSÉ SIMP.
il voulut
ils voulurent

veux-
PRES. je veux
tu veux
il veut
veul-
ils veulent
veuill-
SUBJ. je veuille
tu veuilles
il veuille
ils veuillent

voul-
nous voulons
vous voulez

nous voulions
vous vouliez

IMPERF. je voulais
PRES. PART. voulant

IMPERATIVE **veuillez**

NUMBERS

1	un, une	41	quarante et un
2	deux	42	quarante-deux, *etc.*
3	trois	50	cinquante
4	quatre	51	cinquante et un
5	cinq	52	cinquante-deux, *etc.*
6	six	60	soixante
7	sept	61	soixante et un
8	huit	62	soixante-deux, *etc.*
9	neuf	70	soixante-dix
10	dix	71	soixante et onze
11	onze	72	soixante-douze
12	douze	73	soixante-treize
13	treize	74	soixante-quatorze
14	quatorze	75	soixante-quinze
15	quinze	76	soixante-seize
16	seize	77	soixante-dix-sept
17	dix-sept	78	soixante-dix-huit
18	dix-huit	79	soixante-dix-neuf
19	dix-neuf	80	quatre-vingts
20	vingt	81	quatre-vingt-un
21	vingt et un	82	quatre-vingt-deux
22	vingt-deux	83	quatre-vingt-trois, *etc.*
23	vingt-trois	90	quatre-vingt-dix
24	vingt-quatre	91	quatre-vingt-onze
25	vingt-cinq	92	quatre-vingt-douze
26	vingt-six	93	quatre-vingt-treize, *etc.*
27	vingt-sept	100	cent
28	vingt-huit	101	cent un
29	vingt-neuf	200	deux cents
30	trente	291	deux cent un
31	trente et un	1,000	mille
32	trente-deux	1,001	mille un
33	trente-trois	2,000	deux mille
34	trente-quatre, *etc.*	1,000,000	un million
40	quarante	1,000,000,000	un milliard